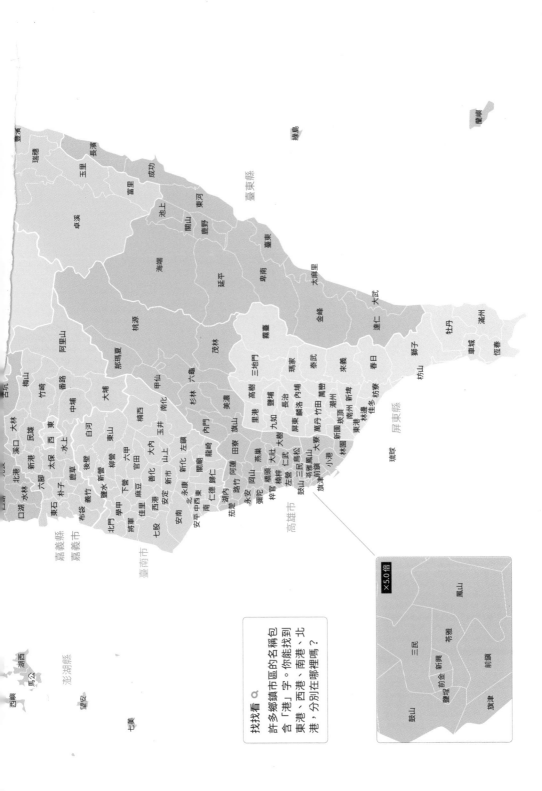

找找看 🔍
許多鄉鎮市區的名稱包
含「港」字。你能找到
東港、西港、南港、北
港，分別在哪裡嗎？

臺灣 368 鄉鎮市區地圖

宜蘭縣
花蓮縣
新北市
臺北市
基隆市
桃園市
新竹縣
新竹市
苗栗縣
臺中市
彰化縣
雲林縣

石門 三芝 金山 萬里 淡水 八里 林口 蘆竹 龜山 五股 泰山 新莊 板橋 樹林 鶯歌 桃園 八德 大溪 龍潭 關西 尖石 復興 大同 南澳 新城 花蓮 吉安 壽豐 鳳林 萬榮 秀林 和平 仁愛 員山 三星 礁溪 頭城 壯圍 宜蘭 五結 羅東 冬山 蘇澳 坪林 石碇 烏來

中山中正 安樂 仁愛 暖暖 七堵 信義 汐止 內湖 南港 文山 中和 永和 新店 深坑

士林 北投 三重 中山 大同 松山 大安 信義 萬華 中正 中和 永和 新店

大園 觀音 新屋 楊梅 新豐 湖口 竹北 新埔 芎林 竹東 橫山 五峰 泰安 卓蘭 大湖 獅潭 三灣 南庄 頭份 造橋 苗栗 公館 頭屋 銅鑼 三義 后里 外埔 大甲 大安 清水 沙鹿 梧棲 龍井 大肚 和美 伸港 線西 鹿港 福興 秀水 花壇 大村 員林 永靖 埔心 社頭 田中 二水 竹塘 溪州 埤頭 北斗 田尾 溪湖 埔鹽 芳苑 二林 大城 芬園 南投 名間 集集 水里 魚池 埔里 國姓 草屯 太平 霧峰 烏日 大里 神岡 豐原 潭子 北屯 西屯 南屯 中區 東區 南區 西區 北區 新社 東勢 石岡 苑裡 通霄 西湖 苑裡

麥寮 台西 崙背 二崙 虎尾 斗六 斗南 莿桐 土庫

五股 蘆洲 三重 土城 泰山 新莊 板橋 樹林 中和 大同 萬華 中正 永和 新店 ×2.5倍 汐止 內湖 南港 信義 松山 中山 士林 文山 深坑

連江縣
東引
北竿
南竿 莒光

金門縣
金沙 金湖 金寧 金城 烈嶼 烏坵

從資訊地圖看臺灣

用最直觀的資訊圖表，
重新認識島嶼大小事

王昱堯、賴進貴 ｜著｜

目錄 c o n t e n t s

政治與法律

觀光旅遊

作者序

2019 年,我受賴進貴老師之邀進入研究室學習,自此一頭栽進地圖的世界。在研究室的工作過程中,我有幸累積一些繪圖經驗,漸漸發展出新的技術與風格;同時我也在協助執行各類研究計畫的過程中,察覺到「從地理空間的角度探討人文故事」的趣味。

基於分享知識與創作的想法,2020年「圖地」社群帳號在 Instagram、Facebook 誕生了。我在此發布地圖與資料視覺化作品,利用資訊圖像說故事,轉眼間也已經累計超過 250 則圖文。然而,透過電子設備傳播圖文終究有其侷限。後來得知賴老師有意將地圖成果集結成冊,我便自告奮勇全力投入這項計畫。我們將焦點放在臺灣,梳理歷年繪製過的主題,添加更多新時代的議題,用嶄新的形式設計地圖,編寫生活化的文字故事,最終完成本書。

謝謝賴進貴老師多年來的鼓勵與提攜,給予我極大的空間投入地圖創作。謝謝所有曾經閱讀書稿並給予修改意見的同事與朋友。謝謝編輯的專業建議與信任,讓本書得以如此體面且快速地與讀者見面。謝謝所有圖地的追蹤者,是你們讓我相信資料視覺化的價值。謝謝家人們的支持,期望這本書能解答你們「地理系在做什麼」的疑惑。

我一直相信知識普及化對社會的正面意義。無論是圖地或是本書,我都期許自己在有限的能力之中,向大眾分享地圖的知識與樂趣。期望本書的內容能提供各位讀者一些收穫或啟發。最後也鼓勵大家運用自己擅長的方法,傳播自身所學,構築臺灣的知識社會。

王昱堯

回想 1977 年剛進入臺大地理系，生平第一次接觸到 1/ 25,000 地圖，圖上蓋著「極機密，遺失法辦」的戳印。那是地圖被視為禁忌的年代，學校不重視地圖教學，民眾難以接觸地圖，遑論使用地圖。現今，智慧型手機中各種以地圖為介面的應用軟體，顯示地圖已經成為現代人的日常。

1980 年代，電腦和地理的結合，開啟電腦地圖發展的新紀元。我有幸在這門新興科技發展之初，出國學習並順利於回臺任教，授地理資訊及地圖課程，之後旋因王秋原教授推薦而參與「認識臺灣」新課本的編撰，從此未曾離開地理教育圈。本於個人專長背景，在參與地理教育過程中特別關注地圖教學，並獲得地理學界先進支持，使得地圖教學有長足進步，如今學生不只學習如何閱讀使用地圖，更要利用地圖進行表達與溝通。

為了彰顯地圖的圖像傳播功能，我們研究室在 2007 年發行臺灣第一本「地圖臺灣」月曆，試圖透過地圖探討臺灣的地理環境、歷史文化、人口族群、政治經濟、醫療健康等議題。這本地圖月曆發行數千本，在翰林文教基金會的贊助下廣泛贈送全國地理老師，並外溢到許多地圖愛好者。讀者們的熱絡回應鼓勵「地圖臺灣」月曆持續出版。

為了讓更多讀者可以接觸到「地圖臺灣」，我們決定和出版社合作，以歷年成果為基礎創作一本臺灣地圖書。感謝研究室最年輕的成員王昱堯，基於對資訊圖像化的深厚興趣，主動請纓承擔重任，讓「地圖臺灣」能以新面貌發行。這本地圖書具有承先啟後的意義，見證既往臺灣地圖創作的階段性成果，而在社群媒體日漸普及的現代，這本書更預告了地理資訊圖像化的璀璨未來。希望藉由此書能鼓勵更多年輕人從事地圖創作。

在本書發行之際，感謝帶領我走入地理 / 地圖教育的恩師：徐聖謨教授、王秋原教授、王鑫教授、姜蘭虹教授及 Dr. Everett Wingert。另外感謝歷年來參與地圖繪製的助理及學生們，你們的努力為臺灣地圖留下精彩片段。

謹以此書與家人分享，特別是小孫女沐沐，相信她會喜歡這本五彩繽紛的地圖書。

賴進貴

前言

用地圖說
臺灣的故事

　　這是資訊化的時代，也是圖像化的時代。隨著網際網路與行動裝置普及，我們每天接受到的資訊是過去的數百倍以上。為了消化龐大的資訊，資訊圖像的潮流隨之而來，網路上紛紛出現懶人包、圖解說明、圖像敘事等內容，讓讀者「秒懂、速解」各式各樣的複雜資訊。

　　當地圖從軍事機密中解禁、地理資訊科技日益進展、地圖製作技術愈加普及，地圖也隨之成為呈現地表空間資訊的普遍形式。越來越多政府機關與新聞媒體會在發布消息時搭配地圖，利用圖像化的說明，讓訊息更有效地傳遞。現在市面上更不乏以資訊圖像或地圖為主軸的書籍，帶著讀者認識臺灣歷史文化、世界環境議題，乃至國際政經局勢。

　　既然如此，《從資訊地圖看臺灣》有何獨特之處？

　　這是一本以資訊地圖為主軸的書籍。本書全新繪製超過 100 張地圖，利用圖像化的方式，結合統計數據與地理資訊，從「空間」的角度重新解析臺灣的種種現象。在閱讀的過程中，你會發現許多看似與地圖或地理無關的主題，可能都隱藏著有趣的空間意涵。

　　這也是一本聚焦於臺灣現代議題的書籍。本書的主題涵蓋自然環境、人口族群、經濟產業、交通運輸、教育文化、政治選舉等。有些主題是廣受社會輿論關注的熱門時事，有些是與我們日常生活息息相關的事物，讀者可以在多元的主題之間探索臺灣各個面向的故事。

本書每個主題都有至少一張地圖，呈現主題現象在臺灣的空間分布。為了從不同的角度理解各個主題，部分篇章會搭配折線圖、長條圖、圓餅圖等不同類型的圖表，剖析其中的時間趨勢、數據排名、組成結構等。我們期望透過資料視覺化的設計手法，讓讀者能夠直觀理解各項議題的內涵。

每個主題都有搭配一則短文，解析地圖與圖表呈現的結果，並補充與此相關的故事或延伸議題。我們期望藉由生活化的故事，協助讀者產生更深刻的認識。在閱讀本書時，你可以在文字與圖像之間相互對應。若想進一步挑戰自己，也可以先自行解讀地圖，再參照文字說明，或許會形成自己獨到的觀點喔！

本書使用的統計數據與參考資料，皆盡力取自政府機關或權威機構發布的最新公開資料。由於不同資料的更新速度不一，因此各個主題的資料年代不盡相同，但大多數的資料年代都是在 2020 年以後。各主題地圖與圖表的參考資料置於書末。

如果臺灣是一本百科全書，《從資訊地圖看臺灣》就像是一本目錄，而且是一份圖解目錄。我們期望各位讀者可以藉由本書快速掌握各種議題的基本知識。對特定主題有興趣的讀者，也能夠以此為基礎，延伸尋找其他相關的資訊，增進自身對臺灣的認識。

臺灣有非常多故事值得探索。身處在資訊與圖像的時代，透過資訊圖像來認識臺灣就是最好的方式。期望這本書能夠解答你心中的好奇，提供你新的觀點與視野！

本書內文有多處混用「臺、台」二字。原則上，表達臺灣、臺北、臺中、臺南、臺東等地名時皆使用臺字，惟若車站與公司之正式名稱使用台字則遵循其名。

01

行政區與地名

在六都設立以前，臺灣有 319 個鄉鎮市與 49 個區。六都設立後則變成 198 個鄉鎮市，170 個區。因此，現在多半合稱為 368 鄉鎮市區。面積最大的鄉是花蓮縣秀林鄉，它比新竹縣與新竹市加總還大；面積最小的區是臺中市中區，它的範圍甚至小於臺灣大學校總區。

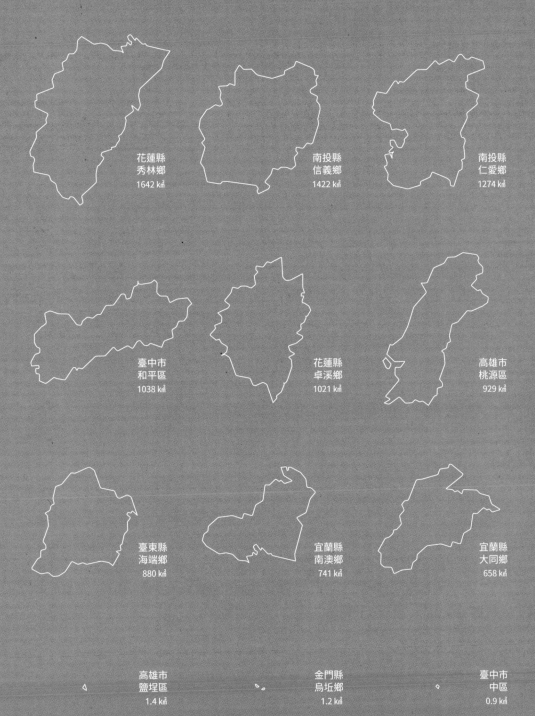

花蓮縣
秀林鄉
1642 ㎢

南投縣
信義鄉
1422 ㎢

南投縣
仁愛鄉
1274 ㎢

臺中市
和平區
1038 ㎢

花蓮縣
卓溪鄉
1021 ㎢

高雄市
桃源區
929 ㎢

臺東縣
海端鄉
880 ㎢

宜蘭縣
南澳鄉
741 ㎢

宜蘭縣
大同鄉
658 ㎢

高雄市
鹽埕區
1.4 ㎢

金門縣
烏坵鄉
1.2 ㎢

臺中市
中區
0.9 ㎢

1-1

島嶼
太平洋上的島國臺灣

臺灣是由上百座島嶼組成的海島國家。除了 2300 萬人生活的臺灣本島之外，其他大大小小的島嶼也居住了超過 20 萬人，包含澎湖、金門、馬祖、綠島、蘭嶼、小琉球等。

澎湖群島位於臺灣島西方海面，是島嶼數量最多的群島，其中面積較大的澎湖本島、中屯島、白沙島、西嶼等已建有跨海橋梁相互連接。澎湖群島因火山作用的緣故具有玄武岩地質景觀，而當地人就地取材用玄武岩與珊瑚礁（硓𥑮石）建造房屋和石滬，是重要的地方特色。

金門群島與中國陸地的最短距離僅約 2 公里，原本兩地同屬一個生活圈，但在兩岸分治之後曾是戰爭最前線。金門島是面積最大的外島，設籍人口約有 12 萬。「三民主義統一中國」的大型宣傳標語坐落在附近的大膽島上，目前是著名的觀光景點。

馬祖列島位於中國福建省福州市閩江出海口附近。馬祖各島嶼地質上屬於花崗岩類岩石，當地有許多傳統建築取用花崗岩砌成，形成兼容閩東與在地元素的特色建築，北竿島的芹壁村是目前建築保留最完整的聚落。

位於基隆北方海域的彭佳嶼、棉花嶼、花瓶嶼合稱「北方三島」。此一海域由於黑潮及海底地形的作用，存在強勁的湧升流，是臺灣北部的重要漁場。

在兩岸分治初期，浙江與福建沿海的多處島嶼都還在我國的控制範圍之內。然而，1955 年中國攻下浙江沿海的一江山島，使得各島嶼的防守及運補變得更加困難。在情勢考量之下，國軍藉由美軍的協防，撤退漁山、大陳、南麂等列島的軍民抵達臺灣，這些島嶼也旋即被共軍占領。

蘭嶼與菲律賓巴丹群島位於同一條島鏈上，兩地的距離僅約 100 公里。蘭嶼的達悟族及巴丹群島的居民無論是考古文物、神話傳說、文化習俗都有相互對應之處，語言也能部分互通。兩地曾經有相當緊密的交流，如今已分屬於不同的國家。

漁山列島

一江山島
大陳島

臺灣與附近島嶼位置

● 我國島嶼及附近海域
　其他國家之島嶼陸地

100 公里

南麂列島

東海

馬祖
列島

彭佳嶼
棉花嶼

釣魚臺列嶼
（主權爭議）

花瓶嶼

基隆嶼

烏坵

龜山島

八重山群島

石垣島

臺灣海峽

與那國島

金門
群島

西表島

澎湖
群島

臺灣本島

太平洋

綠島

小琉球

蘭嶼
小蘭嶼

巴士海峽

南海

伊巴雅特島 Itbayat

巴丹群島
Batanes

巴丹島 Batan

沙坦島 Sbtang

澎湖群島

黑字｜有人島

藍字｜無人島
或僅有軍隊駐守

10公里

目斗嶼

過嶼

吉貝嶼

姑婆嶼

澎湖跨海大橋

白沙島

小門嶼

鳥嶼

員貝嶼

大倉嶼

中屯島

西嶼
（漁翁島）

馬公市

澎湖本島
（大山嶼）

桶盤嶼

虎井嶼

花嶼

望安島

將軍澳嶼

貓嶼

草嶼

西嶼坪嶼

鋤頭嶼

東嶼坪嶼

七美嶼

西吉嶼

東吉嶼

澎湖南方四島國家公園

14

西引島

亮島   東引島

高登島

大坵島

北竿島

南竿島

馬 祖 列 島

西莒島

東莒島   10公里

廈門島

金門島

烈嶼   北碇島

大膽島

二膽島

金 門 群 島

10公里

1-2

地方行政區
臺灣居然還有兩個「省」？

地方劃分為省、直轄市。
省劃分為縣、市；縣劃分為鄉、鎮、縣轄市。……
《地方制度法》第 3 條

　　以上短短 30 字的法律條文顯示臺灣地方行政區劃的複雜與紛擾。

　　此條法律出現 3 種以「市」為名的地方自治團體：直轄市、市、縣轄市。這項規定讓不少人感到混淆，例如，嘉義市屬於「市」，與嘉義縣關係平等；屏東市卻屬於「縣轄市」，位階在屏東縣之下。同樣名為市，制度卻大不相同，類似的情況也發生在新竹、苗栗、彰化、宜蘭、花蓮、臺東。

　　另外，礙於憲法條文的規範，法律之中仍保留「省」的規定，但省制度事實上已名存實亡。2019 年起臺灣省與福建省政府皆停止編列預算，終止所有業務，行政院也不再派任沒有實際權力的省主席職位。

　　不過，在某些情況我們還是可以見到省的存在，像是臺灣本島的地方法院隸屬於臺灣高等法院，但金門與馬祖的地方法院卻是由福建高等法院金門分院管轄。有趣的是，福建高等法院本院並不存在，形成一個有分院卻沒有本院的怪象。

　　目前全國總共有 6 個直轄市，俗稱「六都」。臺中市、臺南市、高雄市是在 2010 年縣市合併之後改制而成。當時執政的馬英九政府期望藉由區域整併計畫綜合地方資源，提升行政效能，讓縣市得以相互支援。如今這項改革已施行多年，正反意見所在多有。有些人主張要再進一步整併，以提高地方政府的資源規模，達到統籌運用的效益；有些人則倡議維持現狀，避免資源集中至都會區，加劇鄉村凋零。

　　行政區劃分涉及民眾生活的便利性與經濟資源分配，卻也不可避免與選舉版圖和政治利益相互扣連，這使得任何區劃改革議題都變得極為困難。北北基是否合併？嘉義縣市是否合併？新竹縣市是否合併、升格直轄市？是否要廢除直轄市與縣市的差異？這些問題都將繼續爭執不休。

1-3 | 統籌分配款
直轄市分到的錢比較多嗎？

2021 年，新竹市長林智堅拋出新竹縣市合併升格直轄市的想法，引發政壇震盪。此話題也促使輿論再次關注長年以來行政區劃與財政分配的制度問題。

臺灣每年稅收超過 2 兆元，由中央政府收取的國稅有一部分會重新分配給各縣市與鄉鎮市，這筆款項稱為「中央統籌分配稅款」，金額超過 3200 億元。依照現行法律規定，這筆稅款的分配方式是直轄市 61.76%、縣市 25%、鄉鎮市 8.24%，另外 6% 屬於特別統籌分配稅款，作為緊急或重大事項的經費。

目前直轄市人口數占全國約 7 成，顯示各直轄市平均每人分配到的款項其實不如一般縣市。那為什麼新竹還想升格為直轄市？關鍵就在於直轄市與一般縣市的分配公式不同。

直轄市的分配權重有 50% 是考量「營利事業營業額」，也就是轄區內有越多賺錢的公司就能分配到越多稅款，因此大型企業密集的臺北市具有最大優勢，其每年分配到的稅款都遠超過其他直轄市。另一方面，縣市之間的分配標準主要是衡量財政需要與收入之間的差距，營利事業營業額只占 15%。新竹市當然不滿意這個公式，畢竟新竹市境內的科技公司為中央政府創造可觀的稅收，分配回來的款項卻遠不及此。

儘管每個縣市都不滿意現行的公式，各方都認同要改革，卻始終無法對改革方案取得共識。例如：新北市想要提高戶籍人口的權重，臺北市則認為實際生活的人口數也要考量；花蓮與臺東強調土地面積的重要性，而離島地區也想納入海域面積；新竹市主張鼓勵產業發達的縣市，嘉義縣則倡議扶持工商業發展較慢的地區。

各縣市各自提出對自身最有利的計算方法，分配統籌稅款的規定自然難以修正。於是我們每年都會聽到政治人物抱怨不公平，法律卻還是動也不動。

直轄市分配公式	營利事業營業額 50%	人口 20%	面積 20%	財政能力 10%
縣市分配公式	財政需要－收入 85%	營利事業營業額 15%		

2021 年 各縣市中央統籌分配稅款

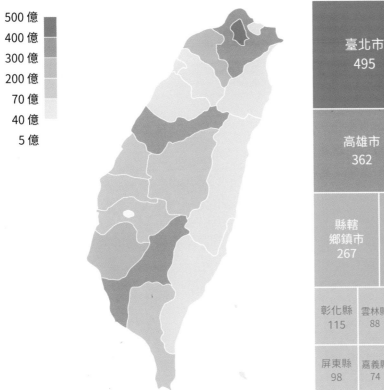

500 億		
400 億		
300 億		
200 億		
70 億		
40 億		
5 億		

臺北市 495

新北市 386

高雄市 362

臺中市 324

縣轄鄉鎮市 267

桃園市 247

臺南市 238

彰化縣 115

雲林縣 88

南投縣 74

花蓮縣 52

新竹縣 51

苗栗縣 65

臺東縣 48

宜蘭縣 47

屏東縣 98

嘉義縣 74

新竹市 55

基隆市 47

嘉義市 30

金門 19

澎湖 24

馬祖 6

2011 ～ 2021 年 各縣市中央統籌分配稅款

Ⓐ 臺北市分配稅款長年以來多於其他直轄市與縣市
Ⓑ 桃園市於 2014 年底改制直轄市，隔年分配稅款大幅增加

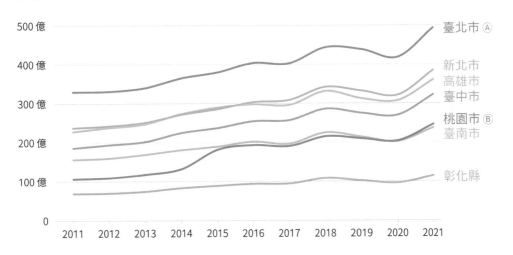

臺北市 Ⓐ
新北市
高雄市
臺中市
桃園市 Ⓑ
臺南市
彰化縣

500 億										
400 億										
300 億										
200 億										
100 億										
0										
2011	2012	2013	2014	2015	2016	2017	2018	2019	2020	2021

1-4 | 鄉鎮改制
卑南聚落不在卑南鄉？

關於鄉鎮改制為縣轄市，有兩個非常有趣的故事。法律規定縣以下劃設鄉、鎮、縣轄市3種行政區，縣轄市的人口數必須超過10萬。從1960年代以來，在人口數快速增加與都市化的發展趨勢之下，陸續有多個鄉鎮先後突破門檻，改制為縣轄市。

此時臺東發生了一件神奇的事情。臺東縣政府的所在地臺東鎮，也想改制為臺東市，但是臺東鎮的人口數只有8萬。為了符合法律規定，1974年縣政府把卑南鄉的卑南、南王、岩灣、知本等10個村改劃入臺東鎮的轄區，臺東鎮的人口因此馬上增加為11萬人，進而在1976年改制為臺東市。

這個怪異的區劃變革，導致卑南鄉的鬧區被切割開來。卑南村、卑南國小、卑南國中，甚至卑南鄉公所都被劃入臺東市，形成卑南聚落不在卑南鄉的怪異現象。有鑑於此，1980年代臺灣省政府調整規定，讓縣政府所在地可以直接改制為縣轄市，藉此保障區域發展。

另一個神奇的故事是有個縣轄市只存在半年就消失了。2009年，桃園縣蘆竹鄉人口有13萬，但當時的改制門檻已經調高為15萬。鄉公所為了加速人口成長，決定發放1000至3000元獎金給新設戶籍的鄉民。在發了超過4000萬元之後，蘆竹鄉終於在2014年突破15萬人口大關。

然而，桃園縣其實2年前就已經預訂要在2014年12月升格為直轄市，底下的鄉鎮市也會一併改制為區。許多人因此認為蘆竹鄉改為蘆竹市是多此一舉，但鄉長認為改制是對鄉民的承諾，必須遵守。於是，2014年6月蘆竹鄉改制蘆竹市，12月再改制蘆竹區，成為史上最短命的縣轄市。

岩灣
南王　臺東車站
卑南鄉
卑南國中
卑南國小
南榮
富岡
卑南
豐田
新園
臺東舊站
臺東鎮
建和
知本
建興
■ 卑南鄉十村
太麻里鄉
2公里

鄉鎮改制　不計鄉鎮市改制為區

● 鎮→市　　● 鄉→市　　● 鄉→鎮

改制時間

2010 年代
頭份、員林、蘆竹、楊梅

1990 年代
樹林、汐止、蘆洲、太平
八德、大里、土城、永康
朴子、平鎮、太保

1980 年代
竹北、苗栗、新營、斗六
南投、馬公、新店、新莊

1970 年代
永和、中和、豐原、臺東
板橋、鳳山、桃園

1960 年代
學甲、中壢、三重

蘆竹

臺東

1-5 | 鄉鎮地名
不管有山無山都以山為名

你有注意過臺灣有許多重要地名都用到「山」字嗎？我們甚至可以策劃一場「以山為名」的環島美食之旅：臺東關山吃好米、高雄旗山享香蕉、嘉義阿里山飲天然愛玉、南投竹山喝好茶、新竹寶山有綠竹筍、新北金山啖鴨肉⋯⋯

臺灣 368 個鄉鎮市區之中，就有 23 個使用到「山」字，是最頻繁出現的文字。儘管這些行政區名稱都有山，卻不表示區內真的有座以此為名的山。舉例來說，中山區是從孫中山的名字而來；嘉義縣梅山鄉原名小梅，後來鄉民認為此名過於怯弱，而且與鄰近的「大林鎮」形成一大一小的對比，因此在 1946 年改名為梅山。

山在華語只有一個讀音ㄕㄢ，在閩南語則分為白讀音 suann（音近ㄙㄨㄚ）以及文讀音 san（音近ㄙㄢ）。若以閩南語來讀地名，鳳山、龜山、冬山是白讀音，金山、旗山、竹山、東山則是文讀音。這些讀音上的差異與地名本身的演化歷程有關，每個地名都有自己的故事，有興趣的讀者可以進一步探索。

「大」是第二常見的文字，有 21 個鄉鎮市區使用，而且其中 5 個出現在臺中市。第三常見的字是「林」，有 16 個鄉鎮市區使用。嘉義縣大林鄉則恰好同時使用了大與林兩個字。這兩個字在閩南語同樣也有文、白讀音的差異：大甲讀作 tāi，大肚讀作 tuā；員林讀作 lîm，樹林讀作 nâ。用閩南語來讀地名是不是很有趣呢？

除了相同的文字外，臺灣也不乏名稱完全相同的行政區。東區有 4 個，北區有 3 個，西區、南區、中山區、中正區、大安區、信義區都各有 2 個。若不計入鄉鎮市區的類型差異，信義還可以再加一個南投縣信義鄉，大同、仁愛、東勢也各有 2 個。

順帶一提，臺北人會用東區一詞泛指忠孝東路四段附近的百貨商圈，但臺北市的行政區劃其實並不存在東區，實際位置約位於臺北市大安區北邊。

右頁地圖標記了使用這些常見文字的行政區，你能辨認出幾個呢？

鄉鎮市區名

常見文字
- 山 23
- 大 21
- 林 16

完全同名
- 東區 4

中山　金山　中山
匏山　樹林
寶山
冬山
大甲
大安
大雅
大肚　大里
員林
竹山
大林　梅山
阿里山
東山
關山
旗山
鳳山

1-6 | 村里地名 1
「中正」「中山」村里滿天下

依據 2022 年 1 月 1 日的資料,臺灣總共有 7734 個村里,包含 1887 個村,5847 個里。法律規定只有鄉以下設置村,鎮、市、區之下都是里。在設立六都之後,大量的鄉改制為區,轄下的村也跟著改制為里,形成現在里數遠多於村數的情況。

7734 個村里必定會有重複的名稱。其中最常見的名稱是「中興」與「中正」,各有 35 個,接著依序是中山、復興、新興、大同、福興。這些頻繁使用的名稱幾乎都與傳統「四維八德」的思想訓示有關,地點遍布全國各地,可說是威權統治時期留存至今的政治遺產。

如果進一步將名稱拆開來做文字分析,則可以看見另一番風景。「興」是所有村里中最常被使用的字,以 469 次遙遙領先,意味著每 16 個村里就有 1 個使用興字命名。這個結果一方面反映過去政府對於「中興、復興、新興」的期望,另一方面也呈現民間社會對於興字「吉祥喜氣」意涵的偏愛。

村里是最基層的行政單位,也是凝聚社區意識的中心。然而前述的分析結果顯示,許多村里名稱與我們日常生活使用的地名其實相當脫節。如果能讓約定俗成的傳統地名成為正式的村里名,不僅能保存地方文化歷史,也有助於建構居民對社區的認同感。

例如許多原住民族為主的聚落都已陸續更改名稱。2008 年高雄縣三民鄉改名為「那瑪夏鄉」,轄下的民族、民權、民生村,也分別改名「南沙魯、瑪雅、達卡努瓦」。2009 年高雄縣桃源鄉梅蘭村改名為「拉芙蘭村」。2021年南投縣仁愛鄉合作村改名為「德鹿谷村」,恢復原有的賽德克族語地名。

村里的常見名稱
村里數量

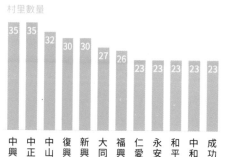

中興	中正	中山	復興	新興	大同	福興	仁愛	永安	和平	中和	成功
35	35	32	30	30	27	26	23	23	23	23	23

村里的常用字
村里數量

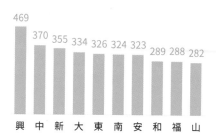

興	中	新	大	東	南	安	和	福	山
469	370	355	334	326	324	323	289	288	282

常見村里名
- 中興 35
- 中正 35
- 中山 32
- 復興 30
- 新興 30

德鹿谷

達卡努瓦
瑪雅
南沙魯
拉芙蘭

1-7 | 村里地名 2
林厝村真的都住林家人嗎？

「屋、厝、家」是臺灣地名的常用字，表示聚落的所在地。客家人主要使用屋字，閩南人大多使用厝字。桃園市「新屋」這個地名反映此地有 80% 以上的居民為客家人，實際走訪當地更可以發現有些閩南人會以「新厝」稱之，呈現同一個地區在不同族群間各有其名的動態變化。

這些包含「屋、厝、家」的地名，其中有不少會冠上姓氏，例如鄭屋、陳厝、馬家，藉此表示是鄭姓、陳姓、馬姓家族居住的聚落。這種「姓氏＋屋、厝、家」的地名並不罕見，其中有一些更成為正式的村里名稱，全國數量計有 47 個，地點主要分布於臺中以南的西南部平原上，又以彰化縣與雲林縣數量最多。

讀者一定會好奇這些村里到底有沒有「名符其實」？也就是說，林姓居民究竟是不是林厝村人數最多的姓氏？

根據內政部的統計報告，可以確定至少有 4 個村里「名符其實」，而且該姓氏的人口數更超過一半，它們分別是雲林縣四湖鄉的林厝村、高雄市湖內區的劉家里、高雄市林園區的林家里，以及屏東縣佳冬鄉的賴家村。

數十年來，臺灣人口不斷流動遷徙，村里邊界也經過多次重劃，這些以姓氏為名的村里可能都歷經程度不等的結構重組，當地聚落未必仍舊是以該姓氏人口為主。不過，這些遺留下來的村里名稱標記著歷史與文化的痕跡，是我們探索地方故事的重要線索。

宋屋里・　・彭厝里

「姓氏＋家厝」村里分布

- ● 該姓氏人口數 > 50%
- ● 該姓氏人口數 < 50%

楊厝里
吳厝里

林厝里●
曾家村● 何厝里● 賴厝里
邱厝里

郭厝里● 廖厝里

●劉厝村
曾厝村 ●黃厝村

羅厝村● ●林厝里
●張厝村

雷厝村● ●張厝村
施厝村● 羅厝村● 甘厝村 吳厝里
吳厝里 ●甘厝村 ●吳厝里

●林厝村 ●江厝里

蔡厝村● ●劉厝里
謝厝村● ●蘇厝村

劉厝里● ●盧厝里

●施家村

●許家村

胡家里
劉厝里● ●胡厝里
蘇厝里

辜厝里● ●許厝里
●葉厝里
●劉家里

●劉厝里 ●彭厝村

龔厝里 ●林家里

●賴家村

02

自然環境

本章的章首圖是沿著 23.5° N 把臺灣島切開的剖
面。從西往東走，這條線劃開低平的嘉南平原，
攀越崇山峻嶺，通過中央山脈最高峰秀姑巒山
（海拔 3825 公尺），陡降至花東縱谷平原，再
翻越海岸山脈，抵達東岸的太平洋。這條線也會
通過兩座火車站：嘉北、瑞穗。

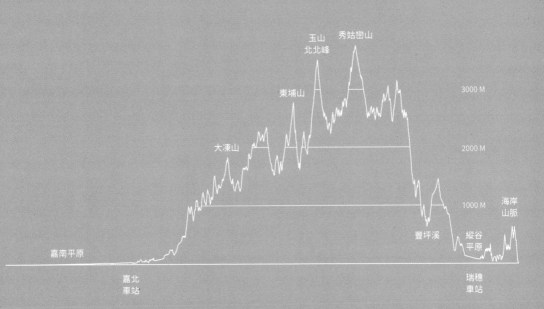

玉山
北北峰

秀姑巒山

東埔山

大凍山

3000 M

2000 M

1000 M

海岸
山脈

嘉南平原

豐坪溪

縱谷
平原

嘉北
車站

瑞穗
車站

2-1

地形
展開臺灣地理的扉頁

地形與地理現象的關係密不可分。國、高中教科書區域地理篇章的第 1 張圖通常是地形圖，維基百科介紹國家的地理資訊也會從位置及地形著筆。儘管這樣的安排讓不少人誤以為地理學家都對山川地形瞭若指掌，但它確實反映地形之於地理的重要性。

臺灣島地勢高聳，約有 30% 的土地海拔高度超過 1000 公尺。山地地形可區分為 5 大山脈：雪山、中央、玉山、阿里山、海岸。雪山山脈是臺中以北的重要山系；中央山脈有如骨幹一樣縱貫臺灣島；海岸山脈的高度最低，屬於菲律賓海板塊的一部分。

臺灣島另有約 30% 的土地是海拔低於 100 公尺的平原地形。由於山區降雨量大、侵蝕作用旺盛，河水搬運大量砂石往低處移動，在沿海地區堆積形成沖積平原。彰化至雲林一帶有濁水溪沖積平原，嘉義至臺南屬於嘉南平原，屏東地區則有屏東平原。

山地與平原之間存在許多丘陵與臺地，其中有許多是在板塊擠壓與斷層陷落的活動之後形成。桃園臺地、大肚山、八卦山過去都曾是平原沖積扇，後來因板塊推擠而抬升為臺地。

被山地、丘陵、臺地等較高地形包圍的低窪平坦區域稱為盆地。臺北盆地、臺中盆地、埔里盆地是最大的 3 個盆地，也是人口稠密的區域。

地形對臺灣歷史發展與人口分布的影響深遠。清代漢人社會以農業為生，人口主要居住在廣闊的嘉南平原。後來茶與樟腦產業興盛，丘陵廣布的中北部淺山地區是生產重鎮，這些地區的貨物順著淡水河系運往臺北集散，於是臺北逐漸發展為全國經濟重心。

地形是地理現象的基底。在閱讀本書其他地圖時，不妨思考地形是如何影響各個主題的分布特色，或許會有不同的發現喔！

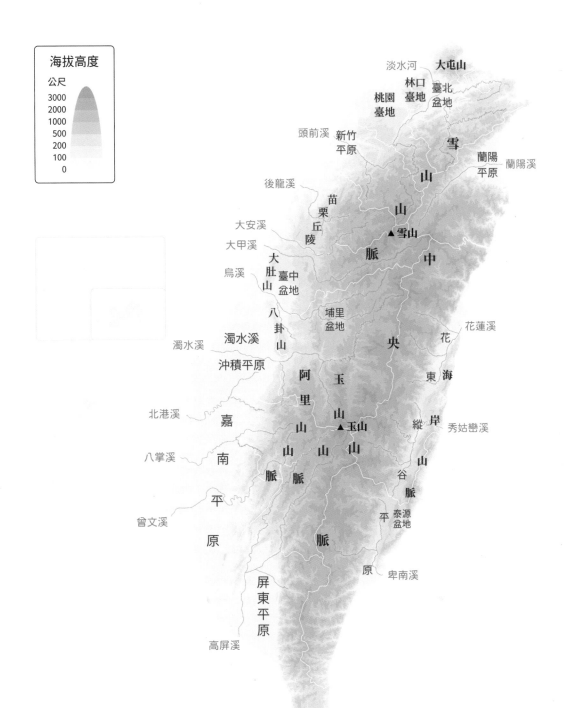

海拔高度

公尺
3000
2000
1000
500
200
100
0

淡水河　大屯山
林口　臺北
桃園　臺地　盆地
臺地

頭前溪　新竹　　　　　雪　蘭陽　蘭陽溪
　　　　平原　　　　　　　平原
　　　　　　　　　　　山
後龍溪
　　　　苗　　　　　　山
大安溪　栗
　　　　丘　　　　　脈
大甲溪　陵　　　▲雪山　　中
　　　　大
烏溪　　肚
　　　　山　臺中　　　　央
　　　　　盆地
　　　　八　埔里
　　　　卦　盆地
濁水溪　山　　　　　　　央　　花蓮溪
濁水溪
　　　　　　　　玉　　　花
沖積平原
　　　　　阿　　山　　東　海
北港溪　　里　　山　　　岸
　　嘉　　山　　脈　▲玉山　縱　山　秀姑巒溪
八掌溪　　　山　　　　　山
　　南　　脈　　　　　　谷　脈
　　　　　脈
　　平
　　　　　　　　　　　　　平　泰源
　　原　　　　　　　脈　　　盆地
　　　　　　　　　　　　　　原　卑南溪
屏東平原

高屏溪

2-2 河川
那些被汙染的生態泉源

臺灣島地勢高聳且降雨量大，在地形與氣候的條件下形成許多條坡度陡峭且流量大的河川。

北部河川主要發源自雪山山脈，向北或向西流入臺灣海峽。淡水河的流域面積廣大，是北部最重要的河川，其中上游支流的北勢溪與大漢溪分別建有翡翠水庫與石門水庫，供應大臺北與桃園地區數百萬人的用水。

中南部與東部河川多半發源於中央山脈，並以它為分水嶺，分別流入西邊的臺灣海峽或東邊的太平洋。其中濁水溪與高屏溪的河流長度與流域範圍都是全國前二名，是中南部重要的水資源。

花東地區的河川流向較為特殊。花蓮溪、秀姑巒溪、卑南溪的中上游支流從山區進入平地之後受到海岸山脈阻擋，出現90度角的轉彎，接續順著縱谷平原的方向流動。秀姑巒溪上游曾經是花蓮溪的古河道，但後來發生河川襲奪作用，下游切穿海岸山脈，直接流入太平洋，形成曲折的河道和壯麗的峽谷。

儘管河川是灌溉與生活用水的重要來源，但河川也經常成為垃圾與汙染物匯集與排放的管道。地圖顯示雲林至高雄的河川汙染情形嚴重，每一條河川受汙染的長度都高於50%。

位於臺南市與高雄市交界的二仁溪汙染情形最嚴重。二仁溪兩岸曾經聚集許多廢五金回收工廠，工業汙染導致河川的重金屬濃度超標，甚至在1986年發生轟動全國的綠牡蠣事件。如今多數工廠已陸續拆除，但河川生態仍深受其害。

在地方人士與政府資源的投入之下，二仁溪的汙染情況已從重度轉為中度，自然生態也在回復當中。近年臺灣濕地保護聯盟於二仁溪成立教育中心，讓民眾體驗在河面上划行獨木舟，藉此推廣生態保育觀念。

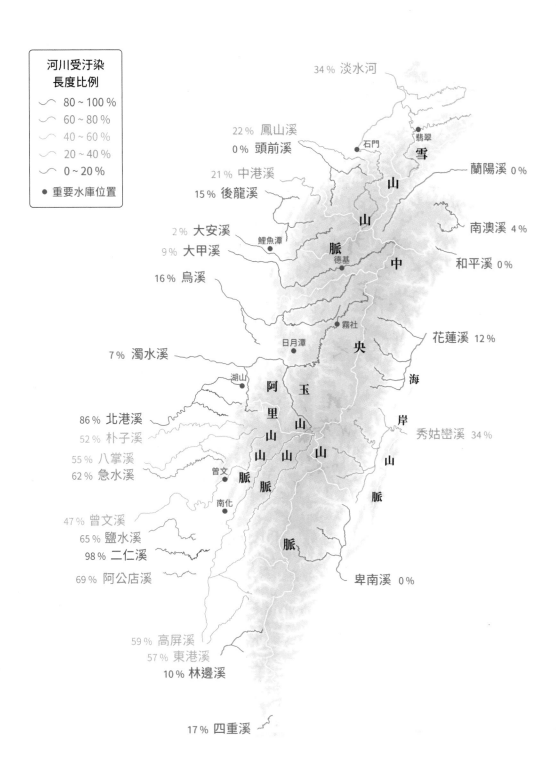

河川受汙染
長度比例

⌢ 80～100 %
⌢ 60～80 %
⌢ 40～60 %
⌢ 20～40 %
⌢ 0～20 %
● 重要水庫位置

34 % 淡水河

22 % 鳳山溪
0 % 頭前溪

21 % 中港溪
15 % 後龍溪

2 % 大安溪
9 % 大甲溪
16 % 烏溪

7 % 濁水溪

86 % 北港溪
52 % 朴子溪
55 % 八掌溪
62 % 急水溪

47 % 曾文溪
65 % 鹽水溪
98 % 二仁溪
69 % 阿公店溪

59 % 高屏溪
57 % 東港溪
10 % 林邊溪

17 % 四重溪

蘭陽溪 0 %
南澳溪 4 %
和平溪 0 %
花蓮溪 12 %
秀姑巒溪 34 %
卑南溪 0 %

翡翠
石門
雪山山脈
中央
鯉魚潭
德基
霧社
日月潭
湖山
阿里山山脈
玉山山脈
曾文
南化
海岸山脈
脈

2-3

氣候
哪裡的雨量最多？哪裡最熱？

右圖是最近 20 年臺灣年平均降雨量地圖。你能從這張地圖解讀降雨分布的特色嗎？

東北部沿海丘陵山區是降雨量最大的地方，陽明山上的鞍部平均年降雨量高達 4860 毫米。東北部多雨的原因在於冬季盛行東北季風。每年冬季強烈的冷高壓盤踞在蒙古與西伯利亞，往整個亞洲地區吹送冷風，這股空氣經過臺灣北部海面時會吸收大量水氣，在東北部丘陵山區迎風面形成降雨。因此，基隆、臺北、宜蘭在冬季時節經常陰雨綿綿。

西南部山區是另一個降雨量豐沛的地區，其中阿里山的年降雨量高達 3930 毫米。此一分布特色與夏季盛行西南季風有關。夏季亞洲大陸在太陽照射之下溫度增高形成低壓帶，印度洋的濕潤水氣吹向東南亞與臺灣，在迎風面的西南部山區形成降雨。此時若有颱風行經臺灣附近，便會順勢引進更多水氣造成豪雨，引發山區的土石流災害。

西部平地與澎金馬外島是雨量較少的區域。澎湖的年雨量僅有 1010 毫米，與緯度相近的阿里山差距近 4 倍。由於平地地形本就不容易誘發降雨，西部平原位於季風背風側更有少雨的傾向，因此這些地區的水資源相當仰賴梅雨及颱風。

最後我們來看看 2022 年 1～2 月的日照時數統計。在基隆，冬天要看見陽光還真的不容易！

☀ **2022 年 1～2 月 日照時數**

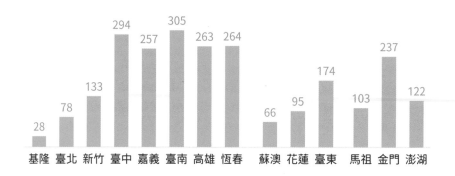

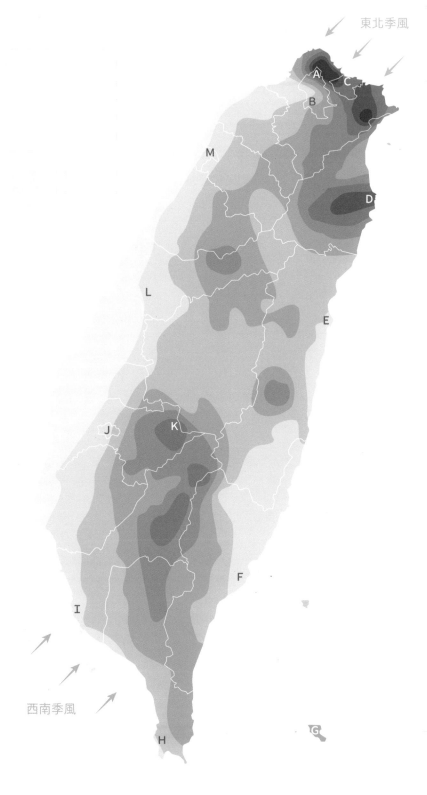

年均雨量
mm

■	6000
■	4500
■	4000
■	3500
■	3000
■	2500
■	2000
■	1500
■	1000

東北季風

西南季風

主要測站年均雨量

●	A	鞍部	4860 mm
●	B	臺北	2400 mm
●	C	基隆	3770 mm
●	D	蘇澳	4440 mm
●	E	花蓮	2170 mm
●	F	臺東	1780 mm
●	G	蘭嶼	2980 mm
●	H	恆春	2020 mm
●	I	高雄	1880 mm
●	J	嘉義	1770 mm
●	K	阿里山	3930 mm
●	L	臺中	1770 mm
●	M	新竹	1780 mm
●	N	澎湖	1010 mm

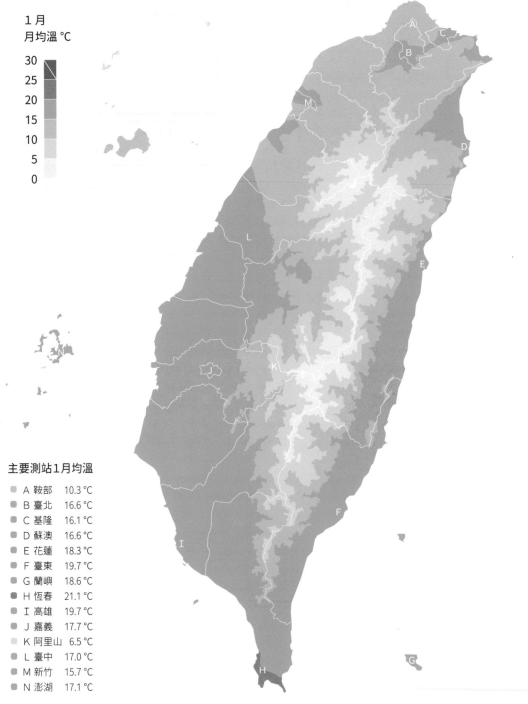

1 月
月均溫 °C

30
25
20
15
10
5
0

主要測站1月均溫

- A 鞍部　　10.3 °C
- B 臺北　　16.6 °C
- C 基隆　　16.1 °C
- D 蘇澳　　16.6 °C
- E 花蓮　　18.3 °C
- F 臺東　　19.7 °C
- G 蘭嶼　　18.6 °C
- H 恆春　　21.1 °C
- I 高雄　　19.7 °C
- J 嘉義　　17.7 °C
- K 阿里山　6.5 °C
- L 臺中　　17.0 °C
- M 新竹　　15.7 °C
- N 澎湖　　17.1 °C

　　1 月的氣溫主要受到地表高度與地球緯度的影響，高山地區氣溫較低，越往北走
溫度也越低。在黑潮暖流的調節之下，東部沿海的平均氣溫稍微高於西部。

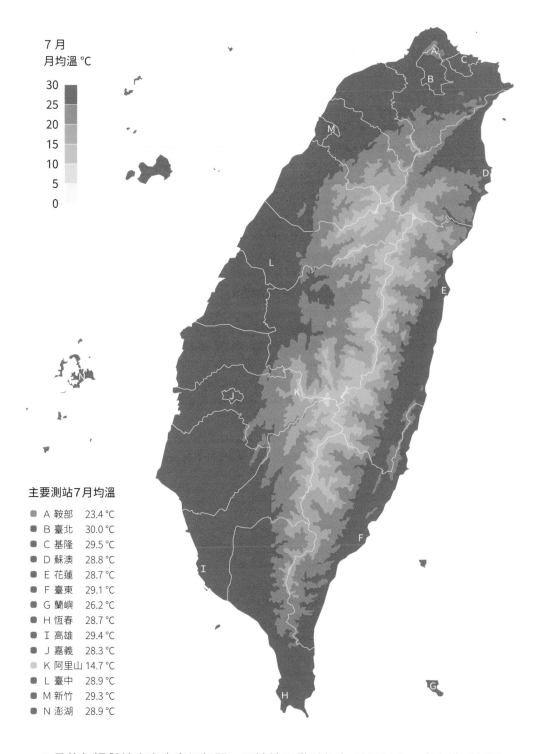

7 月
月均溫 ℃

30
25
20
15
10
5
0

主要測站7月均溫

- A 鞍部　23.4 ℃
- B 臺北　30.0 ℃
- C 基隆　29.5 ℃
- D 蘇澳　28.8 ℃
- E 花蓮　28.7 ℃
- F 臺東　29.1 ℃
- G 蘭嶼　26.2 ℃
- H 恆春　28.7 ℃
- I 高雄　29.4 ℃
- J 嘉義　28.3 ℃
- K 阿里山 14.7 ℃
- L 臺中　28.9 ℃
- M 新竹　29.3 ℃
- N 澎湖　28.9 ℃

　　7 月的氣溫與地表高度密切相關，平地地區幾乎都在 28℃以上，高山地區氣溫
較低。阿里山氣象站的海拔約 2400 公尺，夏季天氣涼爽，是許多人的避暑勝地。

2-4 | # 空氣汙染
為何冬天的空汙這麼嚴重？

空氣是人類生存的必需品，空氣汙染更會直接影響我們的生活與身體健康。近年空汙議題在臺灣社會廣受討論，經常成為能源政策的辯論焦點。

從地理的視角出發，我們可以發現臺灣的空氣品質北部優於南部、夏季優於冬季。此一現象的關鍵在於地形與氣候的影響。

臺灣夏季的主要風向是西南風與南風，西部開闊的平原地形使得汙染物得以順利擴散。午後熱對流形成的雷陣雨也可以稀釋汙染物濃度。因此夏季空氣汙染的時間不會太長，全臺空氣品質良好。

臺灣冬季盛行東北風，迎風面的北部地區擴散條件好，空氣品質較佳。西部平原受到山脈阻擋位於背風側，在下沉氣流的影響下天氣穩定，本土汙染物不易擴散，空氣汙染較為嚴重。此外，冬季氣溫較低，空氣垂直擴散的範圍較小，汙染物濃度也會因此提高。

在季節交替的春季與秋季，臺灣附近通常吹的是微弱的東風，西部平原為背風側，風向受到日夜轉換的海陸風影響。白天海風吹向山區，晚上陸風再吹回平地，此一狀況使得本土汙染物不斷累積，導致空氣汙染情況嚴重且影響時間長。

每年 3 至 4 月偶爾會有沙塵暴現象發生。初春時，中國北方與蒙古高原的沙漠地區植被稀疏且天氣乾燥，在雪融之後沙塵完全暴露於地表上。若蒙古高壓吹起強風，便會將沙塵捲起吹送至整個東亞區域，造成大範圍的空氣汙染。

值得一提的是，臺北地區屬於盆地地形，理論上空氣擴散條件不佳，容易累積汙染物。不過臺北高汙染的工廠數量不多、大眾運輸比例高，在汙染源控制得宜的條件之下，整體空氣品質尚屬良好。

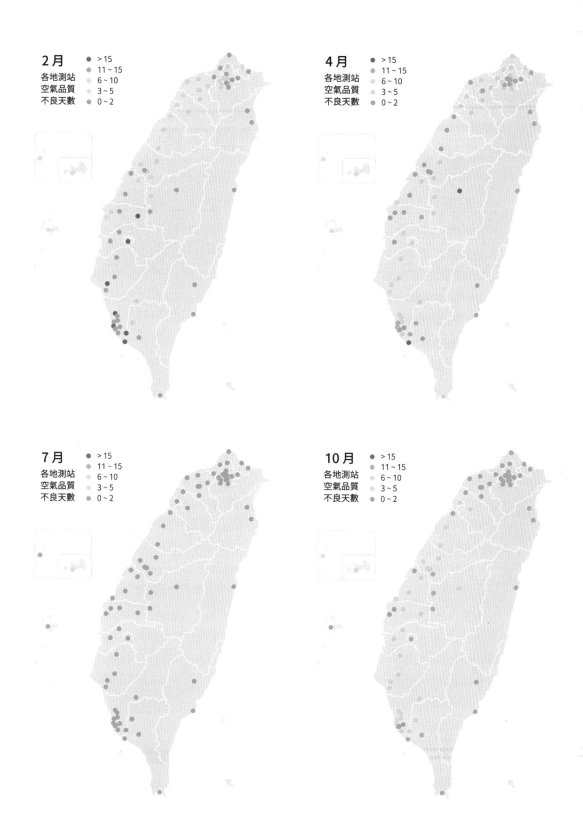

2-5 | 地震
東部外海持續震不停

臺灣島位處歐亞大陸板塊與菲律賓海板塊交界帶，在板塊推擠的作用之下地震活動頻繁。過去 30 年來，臺灣附近區域每年發生約 150 次芮氏規模 4 以上的地震，平均每 2 至 3 天就有一次。

地震發生頻率最高的地區在臺灣東部海岸與宜蘭外海，這兩個區域位於板塊交界帶，前者是歐亞大陸板塊隱沒至菲律賓海板塊之下，後者則反過來是由菲律賓海板塊向下隱沒於歐亞大陸板塊。兩個區域最近 30 年各發生過一次規模 7 以上的強震。

1999 年 9 月 21 日南投縣集集鎮發生規模 7.3 強震，震源深度僅有 8 公里。這場地震重創臺灣中部地區，導致上萬人傷亡，是戰後臺灣最嚴重的自然災害事件。

921 不僅主震驚人，餘震更讓人膽戰心驚。在主震之後的 10 日之內，臺灣總計有超過 400 次規模 4 以上的地震，頻率是背景值的數百倍以上。頻繁的地震導致山區地質鬆動，在往後多年衍生出坡地崩塌與土石流災害。

2016 及 2018 年，美濃與花蓮各自發生規模 6 以上的地震，造成多棟大樓傾斜倒塌，死傷人數眾多。另一方面，臺北盆地、濁水溪平原等地卻已有超過 30 年沒有發生過規模 4 以上的地震。

地震來襲時記得「趴下、掩護、穩住」，保護頭部避免受傷，平時更要做好防災準備，才能臨危不亂冷靜應變，減輕災害的影響。

1990 ～ 2020 年 臺灣附近規模 4.0 以上地震次數

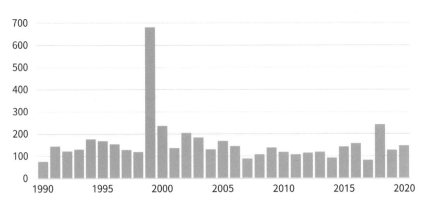

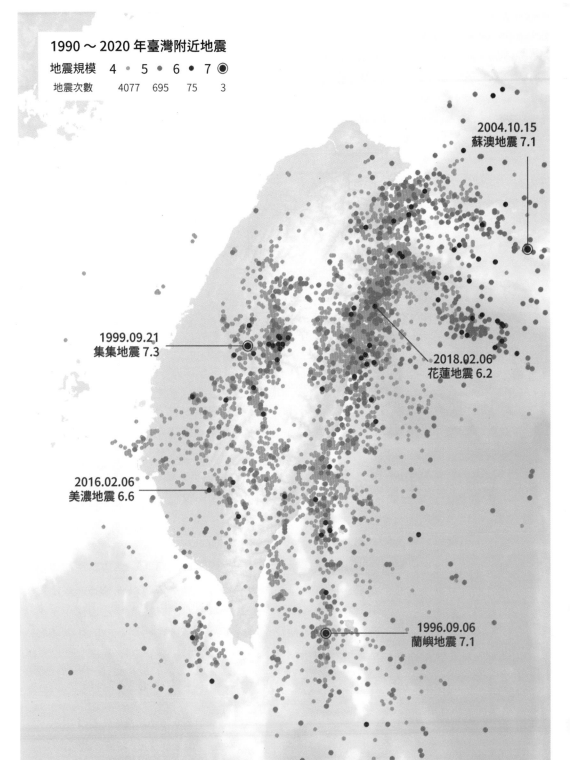

1990 ～ 2020 年臺灣附近地震

地震規模　4　5　6　7

地震次數　4077　695　75　3

2004.10.15
蘇澳地震 7.1

1999.09.21
集集地震 7.3

2018.02.06
花蓮地震 6.2

2016.02.06
美濃地震 6.6

1996.09.06
蘭嶼地震 7.1

2-6

颱風
40 年來最恐怖的 6 個颱風

西北太平洋熱帶海域是全球最多颱風生成的區域,而臺灣就位於此。每年侵襲臺灣的颱風數量平均為 3 至 4 個,伴隨而來的強風豪雨經常在各地造成災害,是夏秋兩季不可輕忽的天氣現象。

每逢颱風來襲,氣象局必定會預測颱風路徑、發布風雨預報,提醒政府與民眾提前做足防災準備。有時候新聞媒體會用西北颱、穿心颱等詞彙來形容颱風路徑,但路徑類型與災害嚴重程度未必有直接關聯,颱風無論穿心與否都可能造成嚴重災情。

右邊的地圖是 1980 年以來造成死亡人數最多的 6 個颱風的路徑圖,我們可以發現它們的路徑相當多樣。莫拉克與桃芝颱風是從臺灣東部登陸、西部出海,但莫拉克移動速度緩慢,同時引進強烈西南氣流,造成中南部山區迎風面的長時間豪雨。

韋恩颱風的路徑相當特別。它從臺灣西部登陸,讓整個西部平原降下豪雨,再從宜蘭出海。接著又折返往西南移動,通過巴士海峽後前往南海。然後在薇拉颱風的牽引下再度轉向東北,並在蘭嶼附近海域滯留,最後又再度轉彎往南海前進。氣象局為韋恩颱風三度發布又三度解除颱風警報,反覆的路徑造成嚴重災害。

納莉颱風從臺灣東北部登陸後速度減慢,颱風中心滯留陸地 49 小時創下歷史紀錄。颱風與東北季風的共伴效應使得北部地區降下破紀錄豪雨,造成臺北盆地大淹水,更淹沒地下的臺鐵與捷運系統,交通運輸完全中斷。

象神颱風並未登陸臺灣,而是從東部海岸快速通過,但依然帶來強烈豪雨。賀伯颱風則是從北部登陸通過,造成中南部海水倒灌,南投縣多處山區發生山洪暴發與土石流災情。

歷史經驗告訴我們,颱風路徑與風雨強度的關係相當複雜,千萬不能以為颱風不會登陸或距離遙遠就掉以輕心。大氣環境變幻莫測,颱風來襲時務必關注氣象動態,更要做足防災準備。

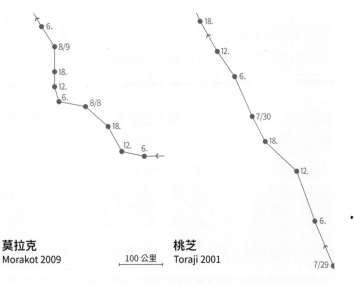

颱風路徑

點位為每6小時颱風位置
分別為0、6、12、18時
僅標示日期處表示當日0時

路徑取自美國海軍氣象與海洋司令部
可能與臺灣中央氣象局有部分差異

颱風	死亡失蹤	受傷人數
莫拉克	703	1555
桃芝	214	188
納莉	104	265
韋恩	87	422
象神	64	65
賀伯	51	463

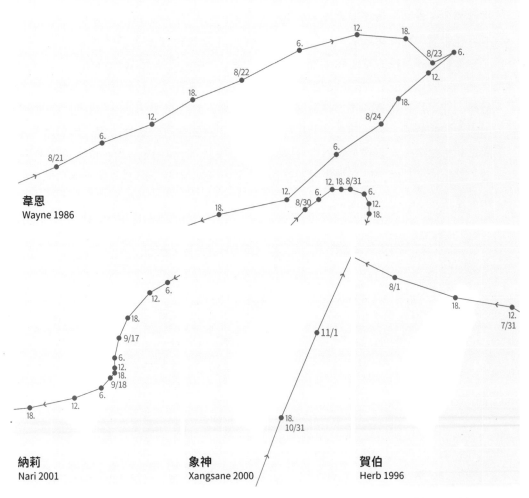

莫拉克
Morakot 2009

100 公里

桃芝
Toraji 2001

韋恩
Wayne 1986

納莉
Nari 2001

象神
Xangsane 2000

賀伯
Herb 1996

2-7 | 落雷
雷公住在雲林古坑？

臺灣夏季中午至傍晚經常有午後雷陣雨，劃破天際的閃電和震天價響的雷聲讓許多人感到恐懼。

雷電是大氣的自然現象。在夏季午後陽光照射之下地面被持續加熱，地表空氣跟著增溫而上升形成強對流。這些上升氣流與天空中的水滴摩擦產生靜電，並且在雲層中形成電場。

當雲層內部累積的電壓夠大就會衝破空氣的隔絕，進而放電形成閃電，閃電行經的空氣會因此被瞬間加熱膨脹，發出爆裂般的雷聲。一般而言，閃電依照放電的方向可分為 3 種，雲對空、雲對雲、雲對地，其中雲層對地表放電就稱為落雷。

依據台灣電力公司的監測統計，大多數的落雷都發生在 7 至 9 月，空間分布上則主要集中在西部的淺山丘陵地區，尤其是雲林古坑、南投竹山、嘉義竹崎一帶。此一時空分布特色與夏季山區的大氣結構容易引發空氣對流現象有關。

落雷會對地面上的人類生活造成傷害，例如 2021 年 7 月苗栗有一名青年在河邊慢跑時，就不幸遭遇雷擊，送醫搶救之後仍傷重不治。由此可見雷擊是我們需要慎防的自然災害。當雷雨發生時應該停止戶外活動，進入建築物躲避。若躲避不及則要遠離水邊、停止使用手機，以免招致雷擊。

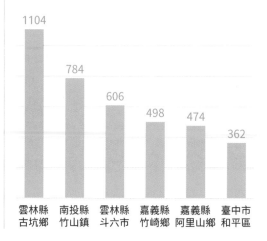

2021 年每季落雷次數

		15733	
23	5450		1294
第一季	第二季	第三季	第四季

2021 年各區域落雷次數

1104	784	606	498	474	362
雲林縣古坑鄉	南投縣竹山鎮	雲林縣斗六市	嘉義縣竹崎鄉	嘉義縣阿里山鄉	臺中市和平區

第一季
落雷次數

1050
200
100
50
10
5
1
0

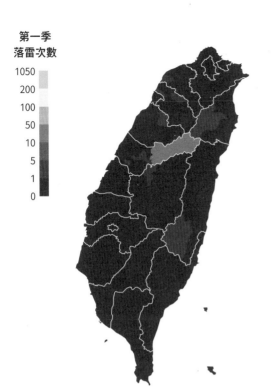

第二季
落雷次數

1050
200
100
50
10
5
1
0

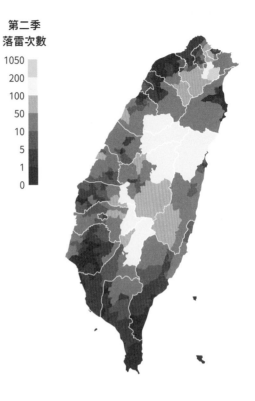

第三季
落雷次數

1050
200
100
50
10
5
1
0

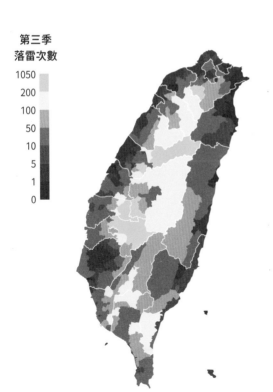

第四季
落雷次數

1050
200
100
50
10
5
1
0

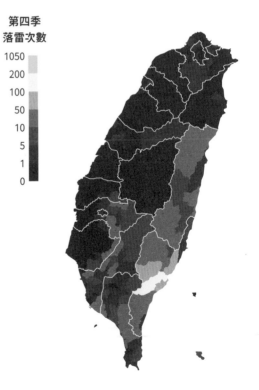

03

chapter

資源與能源

臺灣主要的發電方式隨著年代而有不同。1950年臺灣全年發電量約為 10 億度，2021 年成長至2488 億度。1950 年代以再生能源為主。1960年代燃煤與燃油的火力發電快速增加。1980 年代起核能成為不可或缺的電力來源。2000 年之後，燃燒天然氣成為填補用電需求的主要形式。

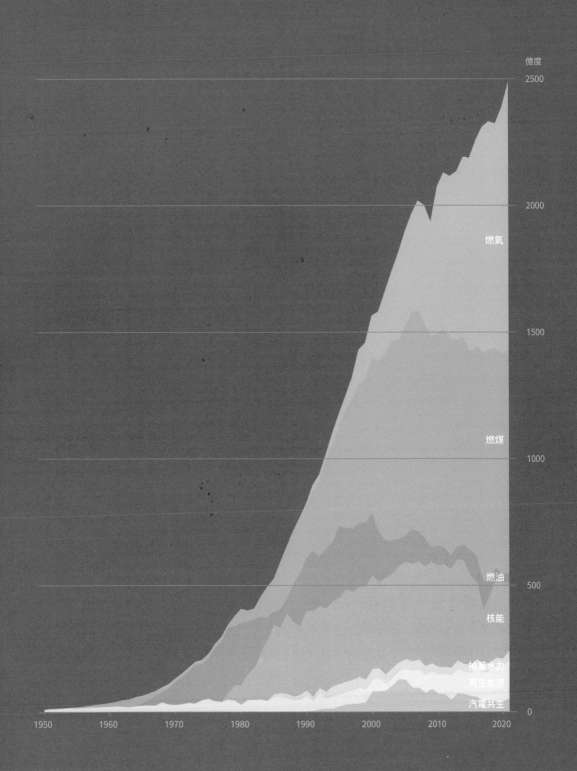

歷年各類型發電量

億度

2500

2000

燃氣

1500

燃煤

1000

燃油

500

核能

抽蓄水力

再生能源

汽電共生

0

1950　1960　1970　1980　1990　2000　2010　2020

3-1 | 水庫
缺水挑戰如何解？

臺灣降水的時間與空間皆呈現分布不均的現象。為了應對水資源供應與豪雨致災的問題，政府在全國各地興建大大小小的水庫，藉此滿足蓄水、滯洪、觀光等功能。

曾文、翡翠、石門、德基是容量最大的 4 個水庫，分別供應嘉義臺南、大臺北、桃園新竹、臺中的用水。儘管曾文水庫是最大的水庫，但由於南部的氣候特性，滿水位的情形並不多見。在一整年的時間裡，實際蓄水量最大的水庫通常是翡翠水庫。

2021 年春季，臺灣西部地區面臨嚴重的缺水危機。德基與鯉魚潭水庫的蓄水率都低於 5%，苗栗、臺中、北彰化地區因而實施長達 61 天「供五停二」每週停水 2 天的強制節水措施。其他西部縣市也都因為水源不足而各自採取程度不一的限水措施。

缺水的原因可以追溯至 2020 年，當年梅雨降雨量少，夏秋時節又完全沒有颱風接近，導致中南部水庫的蓄水量無法大幅提升。2021 年的春雨又是史上最少的一年，更加劇供水吃緊的情形。

整體旱象直到同年 6 月梅雨鋒面報到才得以緩解。

在此同時，雙北地區卻沒有實行限水措施。翡翠水庫在冬季東北季風的豐沛降水之下水情無虞，2021 年 5 月時，翡翠水庫的蓄水量甚至超過其他水庫的總和，由此可見氣候環境對水資源的影響甚大。

解決缺水問題不能只仰賴興建水庫，區域的地形、氣候、人口、產業等特性都是影響水資源利用的重要因素，供應和需求兩端都必須做出綜合性的調整。近年來臺灣製造業升溫，各地陸續興建用水量大的工廠，進而在缺水期排擠民生用水的供應。此一現象顯示政府須要預先評估產業發展對水資源分配的影響。

在氣候變遷的背景之下，極端天氣事件數量增加，導致洪患與乾旱的發生頻率提高，水資源也變得更不穩定。2021 年只是其中一場考驗，未來臺灣勢必需要有更大的韌性來應對水資源課題。

水庫有效蓄水容量

● ＞ 15000 萬 m³
● ＞ 5000 萬 m³
● ＞ 1000 萬 m³
• ＞ 100 萬 m³

＊例外 馬祖后沃水庫 42 萬 m³

新山 •

翡翠

寶山 石門
寶二
永和山 大埔
明德 •

鯉魚潭

德基

后沃 •

太湖 •

霧社

日月潭

湖山

成功 •

蘭潭 •• 仁義潭
白河 •

曾文

烏山頭

南化

阿公店 •

澄清湖 •

鳳山 •

牡丹 •

3-2 | 供水與用水
普及又便宜的自來水

自來水是現代人不可或缺的生活必需品。打開水龍頭、按下沖水馬桶、啟動洗衣機,乾淨的自來水嘩啦嘩啦流出,帶走髒汙也帶來舒適的生活。

臺灣的自來水供應基本上是由公營事業壟斷。臺北市政府轄下的臺北自來水事業處負責臺北市與新北市三重、永和、中和、新店、汐止等地的用水,其餘地區則由經濟部主要持股的台灣自來水公司供應。

整體而言,全國的自來水普及率約為 95%,幾乎人人都可使用乾淨的水,但仍有 5% 民眾無法或不願意使用自來水。

在某些水公司難以鋪設管線提供服務的高山或偏遠地區,居民會自行引接山泉水或盛裝雨水淨化之後使用。山泉水口感甘甜,是許多人鍾愛的水源,不過這些水可能存在肉眼無法察覺的微生物或汙染物,飲用前可要小心處理以保安全。

屏東縣的自來水普及率只有 61%,遠低於全國其他縣市。由於屏東平原屬於沖積扇地形,地下水資源豐沛,居民長年以來都直接鑿井取水,水質乾淨也無須繳納水費。然而,沿海養殖漁業盛行之後超量抽取的情形加劇,地下水逐漸出現鹹化與汙染的狀況。

為了解決此一問題,屏東縣政府近年開挖「大潮州人工湖」,將林邊溪豐水期多餘的水量加以儲存。此一湖泊有如水庫一般具有滯洪與蓄水的功能,還可以增加地下水補注量減緩地層下陷的情形。另一方面,縣政府也鼓勵民眾裝設自來水管,確保供水品質及用水安全,全縣的自來水普及率已提升不少。

臺灣的人均用水量在世界各國名列前茅,水費卻幾乎是最低,每公升僅需 0.01 元。數十年來供水成本普遍高於售價,自來水公司幾乎年年虧損數億元,但水價調整的提案長期被政府擱置。

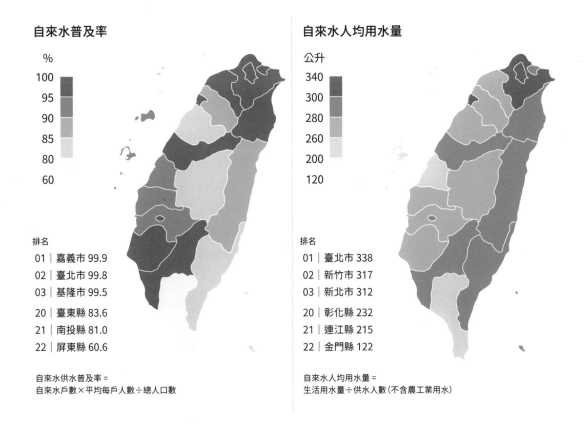

自來水普及率

%
100
95
90
85
80
60

排名
01 | 嘉義市 99.9
02 | 臺北市 99.8
03 | 基隆市 99.5
20 | 臺東縣 83.6
21 | 南投縣 81.0
22 | 屏東縣 60.6

自來水供水普及率 =
自來水戶數 × 平均每戶人數 ÷ 總人口數

自來水人均用水量

公升
340
300
280
260
200
120

排名
01 | 臺北市 338
02 | 新竹市 317
03 | 新北市 312
20 | 彰化縣 232
21 | 連江縣 215
22 | 金門縣 122

自來水人均用水量 =
生活用水量 ÷ 供水人數 (不含農工業用水)

台灣自來水公司 供水成本與售價

2020 年 | 每立方公尺賠 0.36 元 | 全年虧損 9.3 億元
= 1000 公升

元 / 立方公尺

供水成本　11.32
供水價格　10.96

3-3 | 發電廠
大型火力電廠現正登場

近年來電力能源議題受到臺灣社會廣泛關注。2018 與 2021 年合計 14 案公民投票更有 5 案與能源有關，顯見民眾對於國家能源政策的高度關心。

你知道臺灣的電力主要是透過哪種能源產生的嗎？

由於核四議題長期占據新聞版面，因此有許多民眾誤以為核能是最主要的發電方式。實際上，臺灣近 30 年來都是以火力發電為主。2021 年的發電結構為燃氣 43%，燃煤 35%。除了火力發電以外，核電占 11%，水力發電與再生能源合計占 8%。

為了方便天然氣與煤炭透過海運進口，發電廠的位置多半坐落於西部海岸各地。臺中、通霄、大潭、興達 4 座火力發電廠的發電量各占全國 1/10 左右，是各區域的電力中樞。

依據經濟部的規劃，核二、核三、協和電廠將在未來幾年陸續除役，興達、大潭、臺中則會啟用更多燃氣機組。屆時燃氣發電的比例將會大幅提升，燃煤發電略為減少，核電則會歸零。

此一政策將使得臺灣的能源更加仰賴進口燃料，火力發電產生的碳排量也隨之提升，單一電廠的規模也會跟著擴大。未來臺灣要如何確保能源安全並兼顧減碳責任，是一項重大的挑戰。

歷年電力結構

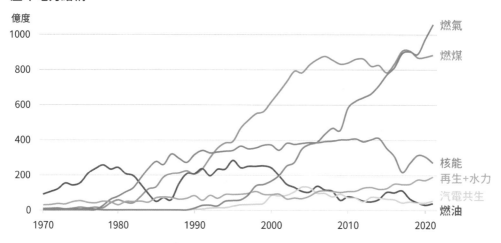

燃煤電廠
燃氣電廠
燃煤+燃氣電廠
核能電廠
水力電廠
燃油電廠

數據為各電廠占全國發電量比例
僅呈現占比 0.5 % 以上之電廠

核二
4.4 %

林口
6.4 %

海湖
2.2 %

協和
1.4 %

大潭
10.9 %

國光
1.2 %

新桃
1.5 %

通霄
10.3 %

和平
3.1 %

臺中
11.4 %

星元
0.7 %

彰濱
1.3 %

大觀 0.9 %
明潭 1.6 %

麥寮
4.0 %

嘉惠
2.3 %

豐德
2.6 %

興達
9.2 %

南部
2.9 %

大林
6.8 %

核三
5.3 %

3-4 | 太陽光電
快速成長的再生能源

太陽光電是臺灣所有再生能源之中發電量最大且成長最快的類型，2021 年發電量約為 79 億度，占比 2.7%。

太陽光電的原理是把太陽的光與熱轉換為電力，因此艷陽高照的夏季中午是發電能力最強的時刻，正好補足每年用電最高峰的時段，是重要的電力來源。

近年來太陽能板的生產技術日漸成熟，設置成本下降不少。臺灣南部透天厝因而出現在屋頂安裝太陽能板的風潮，一來可以降低房屋內部溫度，二來可以販售多餘電力。整體而言，所有太陽光電僅有 5% 是台電自發，大多數發電設備都是由民眾或民間企業設置，其中又以臺南、彰化、高雄、屏東等地最為盛行。

2016 年蔡英文政府執政後，進一步推廣太陽光電政策，鼓勵工廠與學校建物利用屋頂設置太陽能板。此外，政府也試圖利用大面積土地興建電廠，進而推出鹽田光電、濕地光電、埤塘光電、漁電共生、畜電共生等方案。

然而，許多開發案件在實際推行時都面臨不小爭議。例如鹽灘地、濕地、埤塘的開發案都會影響候鳥的棲息環境；漁塭架設太陽能板則會降低養殖魚蝦的品質，甚至導致漁民與光電廠商競價爭奪漁塭。這些衝突皆反映太陽光電發展的困難與複雜性。

各月太陽光電發電量

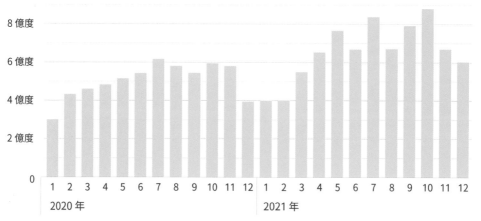

2021 年太陽光電發電量
- 台電購入電力 74.72 億度
- 台電自發電力 4.07 億度
每個方塊約表示 0.1 億度

基隆市
0.018 億度

臺北市
0.40 億度

桃園市
4.47 億度

新竹縣
1.50 億度

新北市
0.65 億度

新竹市
0.36 億度

宜蘭縣
0.82 億度

連江縣
0.008 億度

金門縣
0.14 億度

苗栗縣
2.35 億度

臺中市
4.95 億度

彰化縣
12.75 億度

南投縣
1.15 億度

花蓮縣
0.58 億度

雲林縣
9.47 億度

澎湖縣
0.18 億度

嘉義縣
6.41 億度

嘉義市
0.29 億度

臺南市
15.66 億度

臺東縣
0.47 億度

高雄市
8.34 億度

屏東縣
7.81 億度

3-5 | 風力發電
困難重重的再生能源

2021 年臺灣風力發電量約為 22 億度，占所有發電類型 0.8%。風力發電是利用風的能量帶動發電機運轉產生電力，設置地點通常需要有穩定的風向與一定強度的風速。

臺灣位於亞洲季風氣候區，每年冬季東北季風的風向穩定，因此風力發電的高峰在冬季。儘管與用電高峰的夏季相反，但冬季正好是空氣汙染最嚴重的季節，妥善利用風力發電有助於減少火力發電衍生的空汙情形。

臺灣海峽北部呈現漏斗狀，在狹管效應之下風速快而強勁，中部以北的沿海陸地因而具備良好的風力發電條件。苗栗縣位處於海峽最窄處，陸地又以丘陵地形為主，沿海聚落的人口相對較少，成為陸域風電最密集的區域。

臺灣海峽的風場優勢世界聞名。彰化雲林外海有超過 2000 平方公里的海域海水深度小於 50 公尺，整體面積甚至比彰化縣與雲林縣的陸地面積更大，被視為離岸風電最具發展潛力的場址。不少歐洲綠能大廠都期望能在此投資設置大規模的風電廠。

然而，風電設備所需的資金規模是百億至千億之譜，需要國內外廠商與政府通力合作。離岸風電也涉及海洋生態、候鳥遷徙、輪船航道、地理景觀等多重議題，更直接影響沿岸漁民的捕撈範圍。目前風電推展的速度遠不如預期，未來發展值得關注。

各月風力發電量

10 ~ 12 月是發電高峰

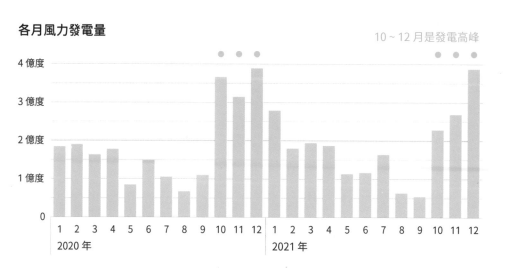

2020 年風力發電量

■ 台電購入電力 14.74 億度
■ 台電自發電力 7.94 億度

0.07 億度
0.23 億度

1.19 億度
1.46 億度

9.5 億度

0.32 億度

0.21 億度

0.11 億度

1.45 億度
0.67 億度

2.15 億度
3.10 億度

風電潛力場址

0.06 億度
1.75 億度

0.28 億度

0.13 億度

3-6 | 核能公投
核四的終局之戰

對於核四,不知各位讀者有什麼看法呢?

核四廠從 1980 年計畫興建以來,爭議超過 40 年,前後歷經 5 任總統、21 任行政院長,耗資 3000 億元,期間反覆動工與停工,製造無數的政治與經濟風波,卻從未啟用發電。核四這件事可能需要一本書才說得完,在此簡要回顧近幾年的重大事件。

2011 年 3 月 11 日,日本東北外海發生規模 9.0 強震並引發海嘯,導致福島核電廠發生事故,外洩大量放射性物質,引發全球關注。臺灣各界陸續表達對核能政策的態度,在野黨、環保團體、藝文界人士都紛紛發聲反對興建核四。在強大的民意壓力之下,馬英九政府宣告停工,封存核四。

2016 年蔡英文政府執政後修法確立「2025 核電歸零」政策,預計在 8 年執政期間內關閉所有核能電廠,實現非核家園的競選承諾。

在此之後,空氣汙染成為臺灣社會最熱切關心的議題,尤其獲得中南部民眾的共鳴。許多人都將空汙的原因指向火力發電廠,並進一步質疑南電北送的正當性。2018 年,核能流言終結者創辦人黃士修順勢發起「廢除 2025 核電歸零」的公投案,取得 30 萬人連署,訴求讓核能作為綠能發展成熟前的電力來源,並藉此降低火力發電造成的空氣汙染。

您是否同意廢除電業法第 95 條第 1 項,即廢除「核能發電設備應於中華民國一百十四年以前,全部停止運轉」之條文?
全國性公民投票案第 16 案

此案公投透過「以核養綠」的口號獲得許多民眾支持,最後以同意率 59.5% 通過。從地圖可以發現此案在全國各地獲得普遍性的支持,僅有 3 個鄉鎮市區的不同意票數較多,分別是核四廠所在地的貢寮、核廢料貯存地的蘭嶼、核廢料規劃儲存地的達仁鄉。

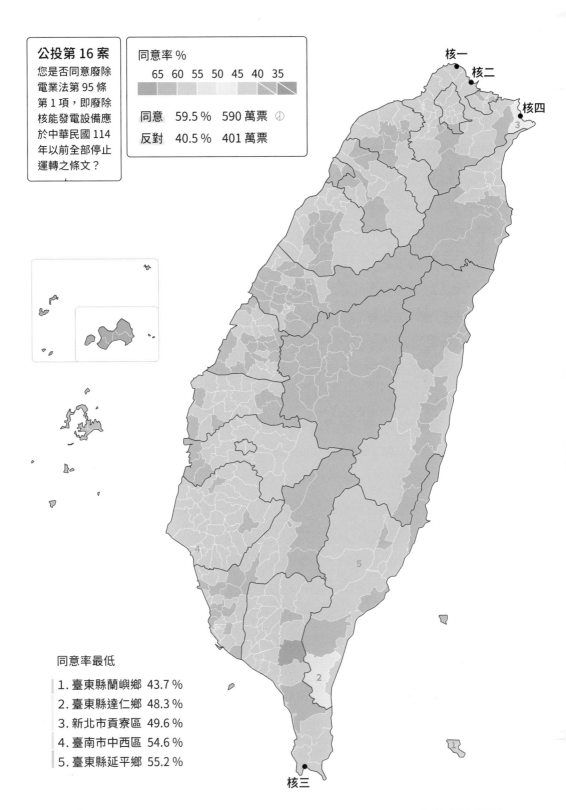

公投第 16 案
您是否同意廢除電業法第 95 條第 1 項，即廢除核能發電設備應於中華民國 114 年以前全部停止運轉之條文？

同意率 %

65 60 55 50 45 40 35

同意　59.5 %　590 萬票

反對　40.5 %　401 萬票

核一
核二
核四
3

4

5

2

1

同意率最低

1. 臺東縣蘭嶼鄉 43.7 %
2. 臺東縣達仁鄉 48.3 %
3. 新北市貢寮區 49.6 %
4. 臺南市中西區 54.6 %
5. 臺東縣延平鄉 55.2 %

核三

不過，廢除零核電政策與續建核四畢竟是兩件事情。因此，黃士修 2019 年再提出「啟用核四」的公投案，目標是讓封存 5 年的核四廠重新復工，進而啟用發電。此項公投案被各界視為核四議題爭執 40 年的最終決戰。

您是否同意核四啟封商轉發電？
全國性公民投票案第 17 案

由於 2019 年之後公投案不再與全國選舉合併舉行，此案投票時間因而延至 2021 年。公投議題在此段期間獲得社會各界廣泛討論，包含政治界、環保團體、科學界等各方人士對此都表達明確意見，媒體也持續追蹤各方說法，提供解說與辯論的平臺。

政黨在此次公投案的立場相當明確。執政的民進黨傾力在全國各地舉辦造勢活動反對核四，為零核電的能源轉型目標強力辯護，訴求支持者投下反對票。另一方面，在野的國民黨則主張重啟核四，藉此解決缺電問題、確保供電穩定。

最終此案公投的結果為不通過，不同意率 52.8%。由於此次公投並未與選舉合併舉行，因此整個社會呈現政黨大力動員但多數民眾冷感的狀態，整體投票率僅有 41.1%。

在國、民兩黨大力介入公投案之後，此次投票更像是政黨支持度的比拚，得票空間分布幾乎與選舉版圖相互契合，甚至連 3 年前投票反對核電的達仁鄉與蘭嶼都轉為同意票居多。因此本次公投結果似乎難以表現各地民眾對於核四的真正意向。

總結來說，核四議題衍生的社會紛擾暫告落幕。在民意確認之下，啟用核四幾乎已成為不可能的選項，台電也已經啟動核四廠區的重新設計方案。儘管如此，核四被否決，核能卻沒有被淘汰。未來臺灣是否會出現核五計畫值得關心。

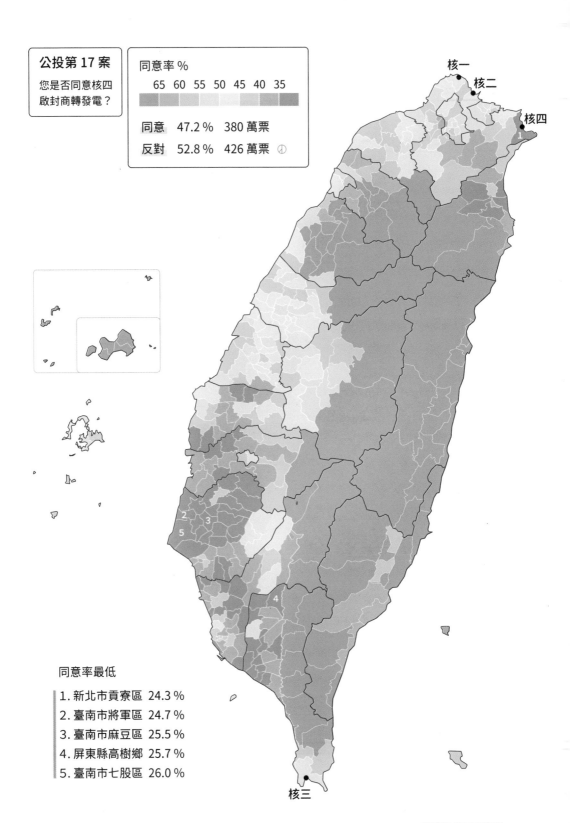

公投第 17 案

您是否同意核四
啟封商轉發電？

同意率 %

65 60 55 50 45 40 35

同意　47.2 %　380 萬票

反對　52.8 %　426 萬票

核一

核二

核四

1

同意率最低

1. 新北市貢寮區 24.3 %

2. 臺南市將軍區 24.7 %

3. 臺南市麻豆區 25.5 %

4. 屏東縣高樹鄉 25.7 %

5. 臺南市七股區 26.0 %

核三

3-7 | 垃圾處理
焚化爐的垃圾燒也燒不完

我們每天生活都會製造垃圾,這些垃圾有一大半都進了各地的焚化爐。2020年臺灣24座焚化爐總共燒掉590萬噸垃圾,但以目前的狀況而言,這樣的處理量仍無法完全應付製造量。

臺灣幾乎每個縣市都有焚化爐,少數沒有焚化爐的縣市會將垃圾運送至其他縣市付費代燒,例如花蓮會運送至宜蘭利澤焚化爐,澎湖與金門則會跨海運送至高雄。燒不完的垃圾多數都在當地掩埋或堆放在垃圾場,形成一座座臭氣沖天的垃圾山。

現有的焚化爐有一半以上使用時間超過20年,在設備老舊的情況下焚燒量年年下降。有焚化爐的縣市政府為了優先處理自家危機,越來越不願意接納外地垃圾。各地的掩埋場也日漸飽和甚至超載,另覓新址又困難重重。面對迫切的垃圾危機,各縣市政府該怎麼辦呢?

來看看臺東的例子。臺東焚化爐早在2005年就已經興建完成,但由於當時垃圾量不多,市區居民也擔憂環境汙染,因此並未營運。十多年來臺東縣的垃圾掩埋場趨近飽和,屏東和高雄的焚化廠也紛紛調漲代燒費,後來更直接拒收。在垃圾無處去的情況下,縣政府決定重啟焚化爐,要在2022年開始燒自己的垃圾。

雲林縣也沒有營運垃圾焚化廠(2005年林內焚化廠因弊案未啟用)。為了解決垃圾堆積如山的問題,政府斥資千萬引進垃圾處理系統,將垃圾破碎處理後再製成燃料棒轉賣,其餘廢料也能作為其他再利用的產品。除此之外,縣政府也加強推動減塑與資源回收計畫,期許能在2022年達成垃圾自主清理的目標。

臺東與雲林的案例顯示焚化爐是處理垃圾的手段之一,但並不是唯一手段。要根本解決垃圾無處去的問題,最重要的仍是從源頭減量,實施垃圾分類與資源回收、減少使用一次拋棄式用具。我們每個人都能從自己的生活開始做起,每天減少一點垃圾,共同解決臺灣的垃圾危機。

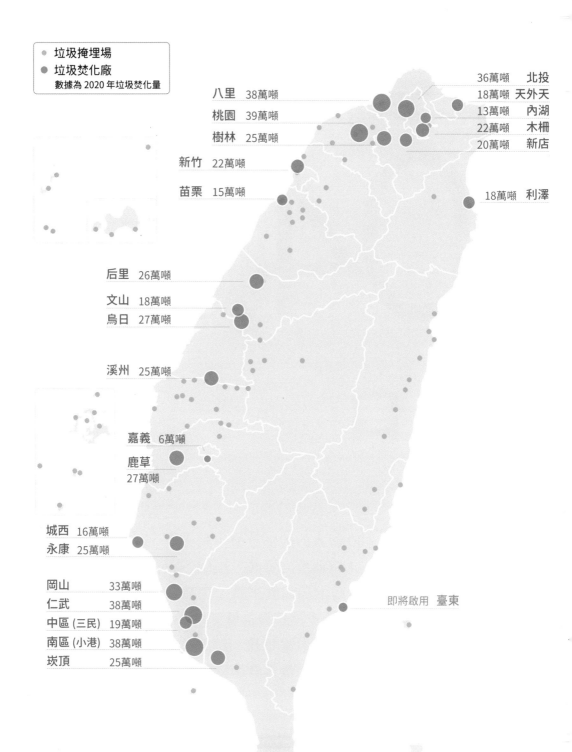

垃圾掩埋場
垃圾焚化廠
數據為 2020 年垃圾焚化量

八里　38萬噸
桃園　39萬噸
樹林　25萬噸
新竹　22萬噸
苗栗　15萬噸

36萬噸　北投
18萬噸　天外天
13萬噸　內湖
22萬噸　木柵
20萬噸　新店

18萬噸　利澤

后里　26萬噸
文山　18萬噸
烏日　27萬噸

溪州　25萬噸

嘉義　6萬噸
鹿草　27萬噸

城西　16萬噸
永康　25萬噸

岡山　33萬噸
仁武　38萬噸
中區 (三民)　19萬噸
南區 (小港)　38萬噸
崁頂　25萬噸

即將啟用　臺東

04

人口

如果臺灣是 100 個人的迷你社群，其中有 19 人是客家人，11 人有抽菸的習慣，7 人擁有碩士或博士的學歷。從政治的角度來看，在 2020 年總統選舉有 35 人投票支持蔡英文連任，23 人投票給韓國瑜，3 人投票給宋楚瑜，21 人未參加投票，18 人則是尚未成年無法參與投票。

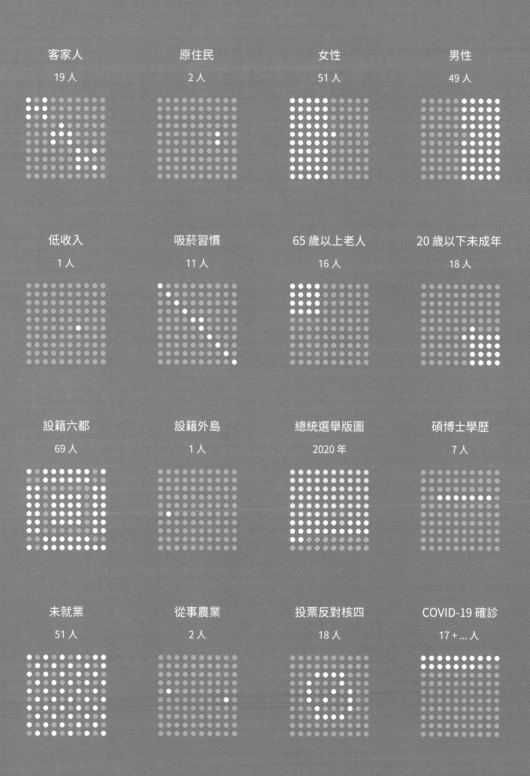

客家人	原住民	女性	男性
19 人	2 人	51 人	49 人

低收入	吸菸習慣	65 歲以上老人	20 歲以下未成年
1 人	11 人	16 人	18 人

設籍六都	設籍外島	總統選舉版圖	碩博士學歷
69 人	1 人	2020 年	7 人

未就業	從事農業	投票反對核四	COVID-19 確診
51 人	2 人	18 人	17 + ... 人

4-1 | 人口分布
人口密度最高的地方在哪裡？

臺灣的人口數約為2300多萬,在空間分布上並不均勻。下面的地圖依照人口數把臺灣切分為兩半,紅色區塊與黃色區塊的人口數大致相同。

左邊是以南北的方向來切分,臺灣北部30%的土地面積住了一半的人口。右邊是以城鄉的角度來看,紅色區域只占全國面積不到4%,卻擠進半數以上的人口。而且這些區域還不包含大臺北郊區、苗栗、南投、彰化、斗六、屏東、宜蘭、羅東、花蓮等重要都會城鎮,由此可見人口高度集中在特定都市的情形。

人口分布的情況受到地形、歷史、經濟產業等因素的影響。平原地區在農業社會利於耕作,在工商業社會則方便土地開發與產業建設,因而經常成為人口聚集的地區。清代大量漢人移民臺灣使得西部人口快速增加,後來經濟重心轉往北部,進而使得臺北成為人口最多的都會區。

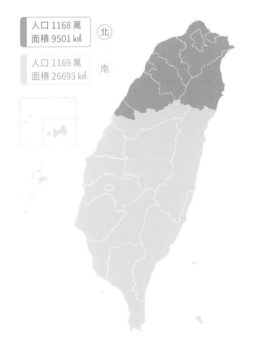

人口 1168 萬
面積 9501 k㎡ （北）

人口 1169 萬
面積 26693 k㎡ 南

人口 1172 萬
面積 1337 k㎡ （城）

人口 1165 萬
面積 34857 k㎡ 鄉

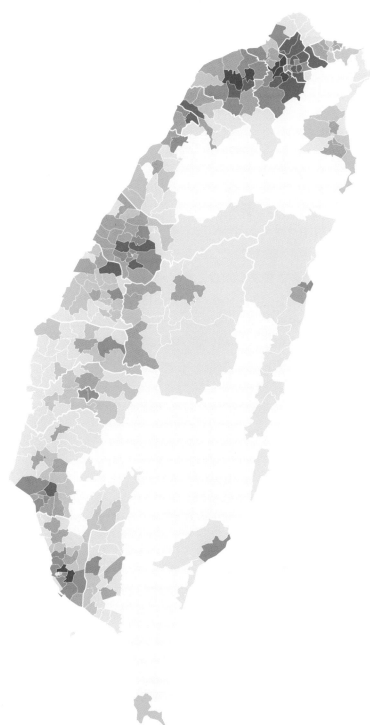

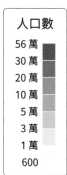

人口數

56 萬	
30 萬	
20 萬	
10 萬	
5 萬	
3 萬	
1 萬	
600	

● **人口數量最多**

1 新北市板橋區 55.2 萬
2 桃園市桃園區 45.8 萬
3 桃園市中壢區 42.2 萬
4 新北市新莊區 42.1 萬
5 新北市三重區 38.1 萬

人口數量最少

1 金門縣烏坵鄉　　672
2 連江縣東引鄉　 1494
3 連江縣莒光鄉　 1496
4 高雄市茂林區　 1874
5 連江縣北竿鄉　 2021

　　人口密度是衡量人口聚集程度的指標，計算公式是一個區域內的「人口數÷土地面積」。臺灣的人口密度同樣存在空間差異，臺北、桃園、臺中、臺南、高雄等都會區的人口密度極高，市中心的行政區幾乎都是每平方公里 1 萬人以上。相對而言，山區與東部鄉村的人口密度較低。

　　新北市永和區人口密度居全國之冠，其面積僅有 5.7 平方公里，人口數卻超過 21 萬。永和與臺北市僅有一河之隔，房屋建築相當密集，容納許多在臺北市工作的人口。鄰近的中和、板橋、新莊、三重、蘆洲也都具有類似的特色。以上6 區的人口總數超過 200 萬，占整個新北市的半數以上。

　　然而，用行政區面積計算人口密度可能存在一些盲點。

　　仔細觀察宜蘭縣的部分，你會發現羅東鎮的人口密度比宜蘭市更高。宜蘭與羅東是蘭陽平原上最主要的城鎮，兩個都會區的實際規模、人口數、人口密度其實都相差不遠。但宜蘭市的土地面積是羅東鎮的 2.6 倍，行政區範圍涵蓋較多人口密度低的農田，因此整體人口密度的數據才會有所差異。

　　所有地圖都只能呈現特定的面向，難免忽略或隱藏其他部分。本書將人口數與人口密度兩張地圖列於同一章節就是期望能讓讀者相互參照，從不同的角度解讀人口分布的特色。

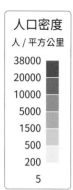

人口密度
人 / 平方公里

38000
20000
10000
5000
1500
500
200
5

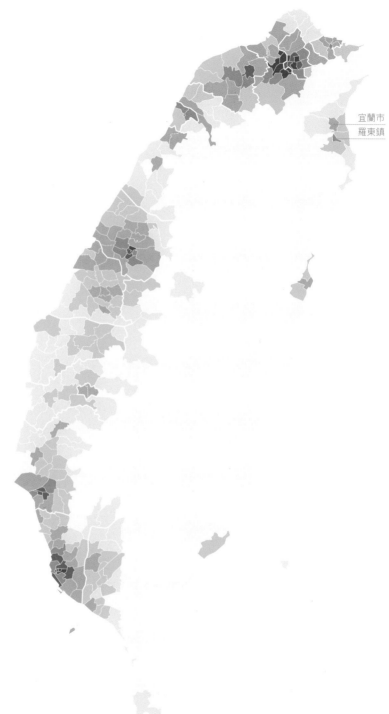

宜蘭市
羅東鎮

● 人口密度最高

1 新北市永和區 37622
2 新北市蘆洲區 27100
3 臺北市大安區 25649
4 高雄市新興區 24986
5 新北市板橋區 23888

人口密度最低

1 高雄市桃源區 5
2 臺東縣海端鄉 5
3 花蓮縣卓溪鄉 6
4 臺東縣延平鄉 8
5 宜蘭縣南澳鄉 8

4-2 | 人口成長
都市化與郊區化的趨勢

2020 年是臺灣史上第一次年度人口負成長，遷往國外的人數多於遷入，死亡人數也首度多於出生。年底總人口數從 2019 年 2360 萬下降至 2020 年 2356 萬，2021 年再下跌至 2338 萬。我們習以為常的「2300 萬人」恐怕再過不久就會走入歷史。

儘管總人口數下跌，各地的人口變化趨勢卻有明顯的差異。

新竹都會區人口逆勢成長，尤其以竹北市的表現最亮眼，2021 年全年成長 5000 多人。在新竹科學園區與新竹工業區的產業帶動之下，新竹的都市規模持續擴大，人口成長的情形擴及至周圍的新豐、湖口、頭份、竹南等地。這些新遷入的人口多為中高收入的青壯年，為新竹地區的成長持續注入動能。

社會福利制度優良的地方也有人口成長的現象，像是金門、馬祖、麥寮、大村等地。彰化縣大村鄉前些年有富裕的鄉民逝世，鄉公所收取上億元的遺產稅，因此近年來常常以回饋與紓困的名義發放現金給鄉民，吸引不少鄰近的縣民轉移戶籍。藉此我們可以注意到戶籍人口增加未必等於實際居住人口增加。

另一方面，臺北市的人口數量大幅下跌，12 個行政區都無一倖免，2021 年合計減少 8 萬人。新北市發展成熟的地區如三重、蘆洲、新莊、板橋、樹林、土城、新店、中和、永和等地也都出現下跌的情況，僅有距離臺北市區更遠的林口、淡水、五股等地還有人口成長的動力。

臺中、臺南、高雄也有郊區化的現象，市中心的人口下降，但周圍郊區人口繼續成長。像是臺中的北屯、太平、烏日，臺南的安南，高雄的橋頭、楠梓、仁武等地都有不少人口移入。

然而，郊區人口的成長仍抵不過市區人口的下跌趨勢。整體來看，臺北、臺中、臺南、高雄四大都會區的人口數量都在減少，僅有桃園與新竹兩個新興都會區的人口持續增加。

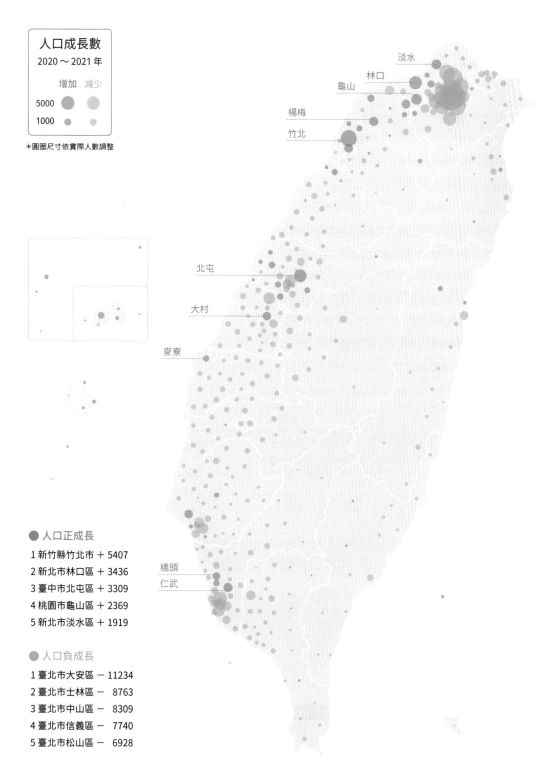

人口成長數
2020～2021 年

增加　減少

5000

1000

＊圓圈尺寸依實際人數調整

淡水
林口
龜山
楊梅
竹北

北屯

大村

麥寮

橋頭
仁武

● 人口正成長

1 新竹縣竹北市 ＋ 5407
2 新北市林口區 ＋ 3436
3 臺中市北屯區 ＋ 3309
4 桃園市龜山區 ＋ 2369
5 新北市淡水區 ＋ 1919

● 人口負成長

1 臺北市大安區 － 11234
2 臺北市士林區 －　8763
3 臺北市中山區 －　8309
4 臺北市信義區 －　7740
5 臺北市松山區 －　6928

如果我們把時間拉長一點，比較1990～2021年各鄉鎮市區的人口數據，分析30年來人口空間分布的轉變，可以更清楚看見都市化與郊區化的趨勢。

都市化指的是人口從鄉村聚集至都市的現象。最近30年來，西部各個都會區的人口數都快速成長，尤其是桃園、新竹、臺中的成長幅度最明顯，有些行政區的人口數更直接翻倍。相對來說，鄉村地區普遍出現人口減少的情況，雲林與嘉義的海線鄉鎮尤其嚴重。

郊區化是指人口往都市周圍郊區遷移，使得都市範圍擴張的情況。郊區化經常伴隨著都市化發生，主要原因是都市中心發展飽和，部分民眾難以負擔市中心的高房價，因此遷居到周圍郊區。

郊區化的現象在傳統的大型都會區皆存在。從地圖上可以發現臺北、臺中、高雄的市中心人口數皆下跌，周圍郊區反倒大幅成長。郊區化使得都會區範圍隨之擴大，卻也衍生出通勤時間交通壅塞的問題，有賴公共運輸加以支持。

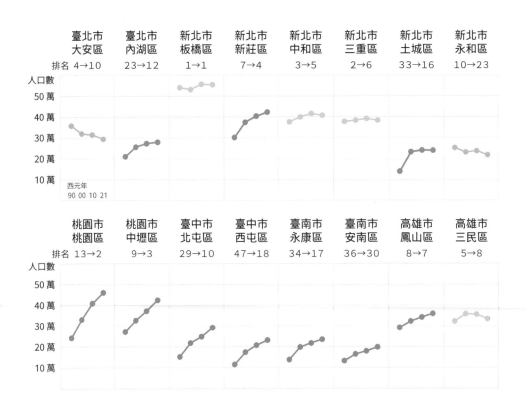

人口成長數
1990 ～ 2021 年

正成長
- ＋ 22 萬
- ＋ 10 萬
- ＋ 5 萬
- ＋ 1 萬
- ± 0

負成長
- － 1 萬
- － 6 萬

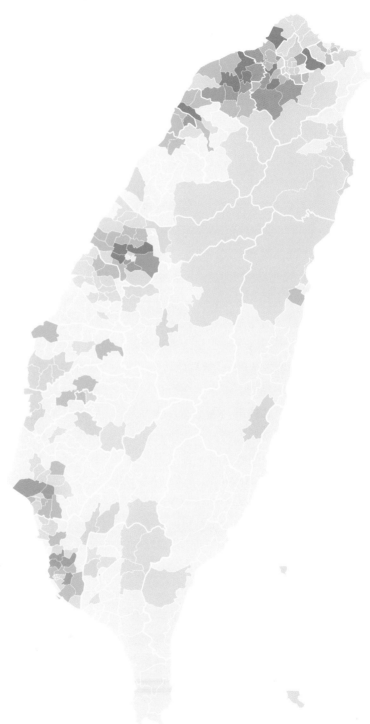

● 人口增加最多

1 桃園市桃園區 ＋ 21.8 萬
2 桃園市中壢區 ＋ 15.3 萬
3 新竹縣竹北市 ＋ 14.1 萬
4 臺中市北屯區 ＋ 14.0 萬
5 新北市新莊區 ＋ 12.2 萬

● 人口減少最多

1 臺北市大安區 － 6.3 萬
2 臺北市萬華區 － 5.6 萬
3 高雄市苓雅區 － 5.5 萬
4 臺北市信義區 － 3.8 萬
5 新北市永和區 － 3.5 萬

4-3 | 客家族群
客家人不是只有在桃竹苗

客家人是臺灣第二大族群，總人數約450 萬，占比 19%。目前政府並未透過戶籍系統區別閩客族群，此一數據是在2016 年客家委員會透過大規模電話訪問與統計推估而成。

客家人的定義是什麼？《客家基本法》是這樣說的，擁有客家血緣或客家淵源，而且自我認同為客家人，就可以算作客家人。說客語或出生於客家鄉鎮都不是作為客家人的必要條件。

客家人比例高的區域集中在新竹、苗栗、桃園、高雄屏東六堆地區。新竹與苗栗皆有多個鄉鎮的客家人口比例超過80%，屬於典型的客家村、客家鎮。桃園市新屋區的客家人口比例約 85%，是少數鄰近海岸的客家鄉鎮，區內的永安漁港更是全臺唯一以客家族群為主的漁港。

六堆地區是南部客家人口比例較高的地方。六堆一詞源自於清代，朱一貴事件加劇閩客對立，高屏溪流域的客家族群為了自我防衛組成民兵營隊，維繫族群生存和地方治安，這些軍隊統稱為六堆。後來六堆就成了這一帶客家聚落的統稱，涵蓋美濃、杉林、竹田、麟洛、內埔、萬巒、佳冬等地。

花東縱谷平原的客家人口比例高於40%。原因可追溯至日治時期政府鼓勵西部居民遷移至東部開墾，吸引不少客家人前來。

在閩南人為主的西部平原鄉鎮之中，雲林縣崙背鄉的情況相當特別，客家人口比例占 36%。此地的客家人祖籍來自福建詔安，擁有臺灣少見的詔安客家文化。

儘管客家人是臺灣相當重要且普遍的族群，但在所有客家人之中，能夠聽懂客語的人數不到 70%，會說客語的更少於一半。在年齡結構上也呈現年紀越小越不熟悉客語的情形。如何保存與傳承客語及客家文化，亟需政府與民眾共同努力。

客家人比例	客家比例最高	客家人數最多
100 80 60 40 25 20 0	1. 橫山 94 % 2. 北埔 93 % 3. 關西 92 % 4. 美濃 91 % 5. 頭屋 91 % 6. 銅鑼 90 %	a. 中壢 21 萬 b. 平鎮 13 萬 c. 楊梅 11 萬 d. 板橋 10 萬 e. 竹北　9 萬 f. 桃園　9 萬

4-4 | 原住民
族群分布與遷徙的故事

臺灣官方認定的原住民族人數為 58 萬人，占總人口比例 2.5%。原住民族人口比例較高的區域以山區及花東為主，許多鄉鎮皆有 80% 以上的居民為原住民族。臺東縣全縣的原住民族比例為 36.7%，是占比最高的縣市。

原住民族人數最多的縣市是花蓮縣，總計超過 9 萬人。桃園市約有 8 萬人，排名第二。在都市化的發展趨勢之下，許多原居於山區或東部地區的原住民遷移至西部都會區生活，目前約有 40% 的原住民居住於六都。

原住民人數

- 20000 人
- 10000 人
- 5000 人
- 1000 人
- 200 人

原住民人數最多

1. 臺東 2.2 萬
2. 吉安 1.6 萬
3. 秀林 1.4 萬
4. 花蓮 1.3 萬
5. 仁愛 1.2 萬
6. 中壢 1.0 萬

＊ 圓圈尺寸依實際人數調整

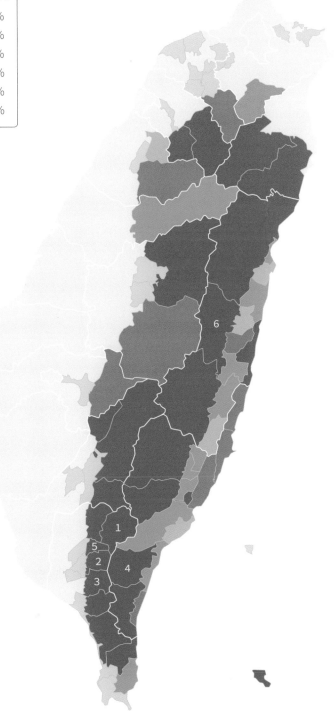

原住民比例

100
80
50
25
10
3
0

原住民比例最高

1. 霧臺 97.7 %
2. 泰武 97.5 %
3. 來義 97.5 %
4. 金峰 96.9 %
5. 瑪家 96.6 %
6. 萬榮 96.2 %

目前官方認定的原住民族有 16 族。

阿美族是人數最多的族群，部落廣布於花東縱谷平原與海岸地帶，每年盛大的豐年祭廣為人知。排灣族是第二大族群，主要分布於中央山脈南段兩側的山麓區域。泰雅族為第三大族群，分布於北部山區。

不同族群的文化會因著地理分布的遠近而交互影響。賽夏族部落位置鄰近苗栗客家聚落，文化及語言因此吸收不少客家元素。阿美族人從清代後期就與漢人密切互動，在接觸水稻種植技術之後，稻米也漸漸成為族人的主要糧食，豐年祭的時節安排更因而從小米收成調整為稻米收成的時間。

由於族群競爭和國家政策的緣故，許多原住民族聚落在數百年來歷經多次遷徙。例如噶瑪蘭族人原居於蘭陽平原，19 世紀漢人大量移入壓迫到其原有的生活空間，族人因此遷居花蓮。後來又在清末的加禮宛戰役之後隱居於阿美族社群之中。

日本殖民政府與國民黨政府為了「管理」原住民族，都曾以公權力實施多次大規模的集體遷移政策，將原住民族部落從深山遷往山腳平地。此項政策嚴重破壞部落之間的社群關係，也改變各族群的領域範圍。

例如，以中央山脈為主要領域的布農族人原本可以透過山區的部落聯絡東西兩側的社群，但在強制遷徙之後此一連結被硬生生切斷。另外有些布農族人被移入卡那卡那富族和拉阿魯哇族的領域，反倒使得此二族群在該地區變成相對少數。

在國家政策的運作之下，許多住在「山上」的原住民被迫遷居「山腳」，強迫遷徙不僅造成部落離散的悲劇，也破壞族群文化的傳承與連結。在目前以漢人為核心的教育之中，這段歷史並不廣為人知，而這是我們閱讀地圖後可以更進一步探索的議題。

阿美族
21.7 萬

排灣族
10.5 萬

泰雅族
9.4 萬

布農族
6.1 萬

太魯閣族
3.3 萬

卑南族
1.5 萬

魯凱族
1.4 萬

賽德克族
1.1 萬

賽夏族
6800

鄒族
6700

達悟族
4800

噶瑪蘭族
1600

撒奇萊雅族
1000

邵族
800

拉阿魯哇族
450

卡那卡那富族
400

尚未申報
1 萬

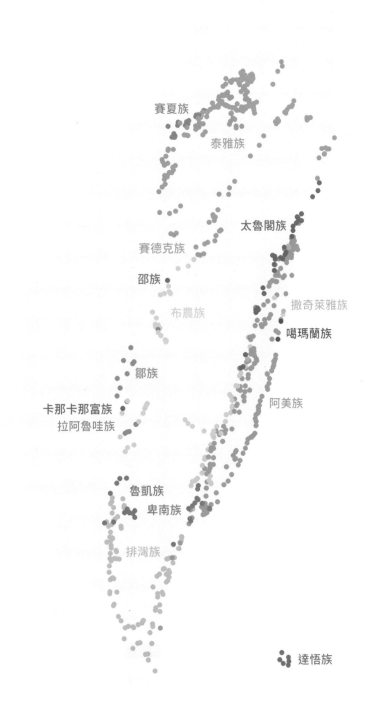

賽夏族

泰雅族

太魯閣族

賽德克族

邵族

撒奇萊雅族

布農族

噶瑪蘭族

鄒族

卡那卡那富族
拉阿魯哇族

阿美族

魯凱族
卑南族

排灣族

達悟族

4-5 | 新住民
來自東南亞的新臺灣人

1990 年代臺灣男性興起與中國或東南亞外籍女性跨國通婚的風潮,在 2000 年代初期甚至每 7 對新婚夫妻就有 1 對是跨國婚姻。這些為了婚姻而移居臺灣的外籍女性在當時被稱為「外籍新娘」,現在已改稱「新住民」。

為什麼會有這樣的風潮?在傳統男主外女主內的價值體系中,家務勞動被視為女性的職責。臺灣經濟起飛之後工資持續調漲,許多女性不願意待在家庭從事無酬的工作,進而投入一般勞動市場。這樣的轉變讓越來越多家庭開始聘請國際移工,甚至出現「娶外籍新娘」來打理家務的情形。

另一方面,當時中國與東南亞國家的經濟相對貧窮,不少人民對臺灣抱有富裕先進的想像,期待透過婚姻翻轉自己及家庭的經濟處境。此外,印尼與馬來西亞長期存在排斥華裔的族群衝突,也推動許多華裔女性離開家鄉遠嫁臺灣。跨國婚姻仲介在各方需求之下成形,他們的廣告宣傳也使得跨國婚姻更加普遍。

這些外籍女性來到臺灣的生活並不容易。他們通常是孤身一人來到臺灣,缺乏家庭與同儕支援。許多人不諳華語及閩南語,在溝通不順的情況下卻還要經營家庭關係及負擔家務勞動,壓力之大令人難以承受。

臺灣的移民制度並不友善。外籍人士需要居住滿 5 年才能申請國籍,而且申請之前必須先放棄原本的國籍。取得國籍之後更要再居住 1 年才能登記戶籍與申請身分證。在大小事都要用到身分證的臺灣,如此的制度設計相當不便。

直至今日新聞媒體上仍不時出現公眾人物對新住民的歧視言語,顯示臺灣仍須努力邁向族群友善包容的社會。值得一提的是,2016 年林麗蟬當選立法委員,是史上第一位具有東南亞新住民身分的國會議員,寫下新住民參與臺灣政治的重要一頁。

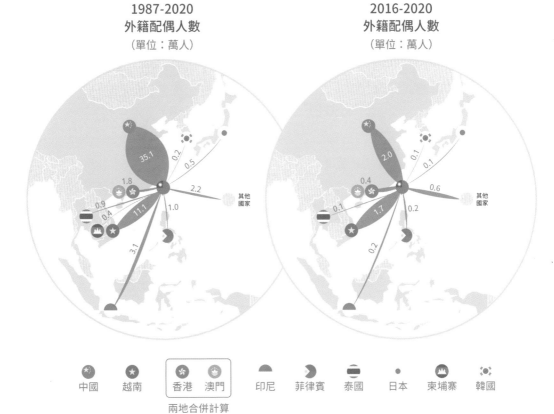

#累計

1987-2020
外籍配偶人數
（單位：萬人）

#近年

2016-2020
外籍配偶人數
（單位：萬人）

其他國家

★	★	🌀 🌀	◗	❯	▬	•	⛰	◌
中國	越南	香港 澳門	印尼	菲律賓	泰國	日本	柬埔寨	韓國
		兩地合併計算						

外籍人士歸化我國的人數變化

不含中港澳

★ ◗ ❯ ⛰

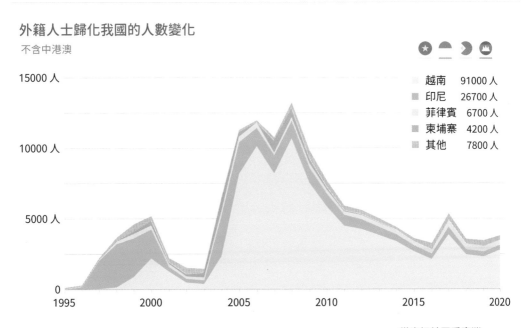

越南	91000 人
印尼	26700 人
菲律賓	6700 人
柬埔寨	4200 人
其他	7800 人

4-6

國際移工
來自東南亞的工作青年

經常搭乘臺鐵區間車來往臺北與桃園的民眾，應該可以發現車上的乘客有許多東南亞移工，桃園車站前的店家招牌更幾乎都是東南亞國家的文字，讓人有身處外國的感覺。此一現象反映臺灣移工數量相當可觀。

東南亞移工不只是人數眾多，而且還越來越多。臺灣政府為了滿足國內產業的人力需求，從 1989 年起開放引進國際移工，5 年之內人數快速突破 10 萬。2020 年的人數來到 71 萬，這個數字已超過原住民族人口數。

在這 30 多年的時間之中，移工的國籍組成出現巨大變化。最早的移工主要來自泰國與菲律賓，泰國移工成為眾多大型公共工程的人力，菲律賓移工則承擔家庭照護的工作。現在印尼與越南是最主要的來源，印尼移工 26 萬人、越南 24 萬人，兩者占比合計超過 70%。

各國移工的性別組成也不盡相同，印尼與菲律賓是女性居多，越南和泰國則是男性居多，此一差異與各國移工投入的產業類型有關。印尼女性移工主要投入醫護產業的照護人力，地點集中在臺北都會區的照護機構和醫療院所。越南男性移工則較多成為製造業的人力，分布於工業盛行的桃園市、臺中市。

國際移工承擔大量臺灣人不願意從事的工作，是構成我們日常生活運行的重要基礎。這些移工不只是勞動力，更是與我們一起在臺灣生活的人。在產業缺工和全球疫情的影響下，移工的薪資待遇與工作環境都漸漸提升。期望未來的勞動制度能變得更加友善，保障遠道而來的國際移工應有的權利。

歷年國際移工人數

2020 年 國際移工人數 70.9 萬人

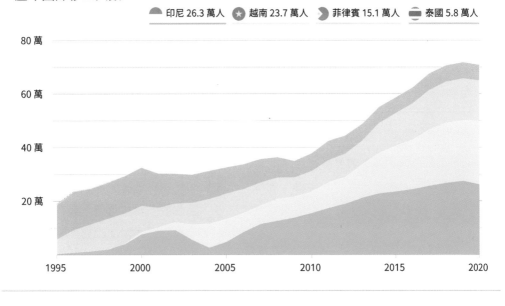

🫘 印尼 26.3 萬人　★ 越南 23.7 萬人　》 菲律賓 15.1 萬人　🏳 泰國 5.8 萬人

國際移工性別比例

● 女性
● 男性

整體

54　46

🫘 印尼

25　75

★ 越南

35　65

》 菲律賓

61　39

🏳 泰國

17　83

各縣市國際移工人數

❶ 桃園市　11.6 萬
❷ 臺中市　10.4 萬
❸ 新北市　9.6 萬
❹ 高雄市　6.1 萬
❺ 臺南市　6.1 萬
❻ 彰化縣　5.8 萬
❼ 臺北市　4.5 萬
❽ 新竹縣　2.9 萬
❾ 苗栗縣　2.3 萬
❿ 雲林縣　2.1 萬

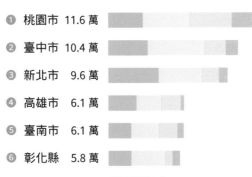

■ 印尼
□ 越南
□ 菲律賓
■ 泰國

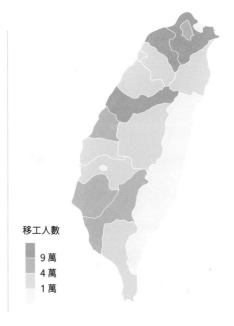

移工人數
9 萬
4 萬
1 萬

4-7 | 性別
臺灣男人多還是女人多？

　　臺灣人口是男性多還是女性多？

　　看地圖你可能會以為是男性多，實際上則是女性比較多。2021 年臺灣女性人口數是 1180 萬，男性是 1158 萬，相差 22 萬人。

　　地圖與整體數據的差距來自空間分布的特性。幾乎所有都市地區都是女多於男，鄉村則是男多於女。儘管都市的面積較小，在地圖上看起來版圖不大，但實際上都市的總人口數遠多於鄉村，因此加總之後女性人口數略多於男性。

　　性別比的城鄉差異與產業型態有關。

　　一般來說，有較高比例的女性會進入服務業，而都市地區的服務業就業機會較多，因此許多女性會遷居都市尋求合適的工作與生活環境。相對而言，鄉村地區的男性遷移動機較低。

　　由於重男輕女的傳統價值觀念，臺灣的新生兒長期以來都是男多於女。但在人類成長過程中，男性的死亡率通常會高於女性，女性的平均壽命也較長。在高齡社會的臺灣，女性人口多於男性也就成了理所當然的結果。

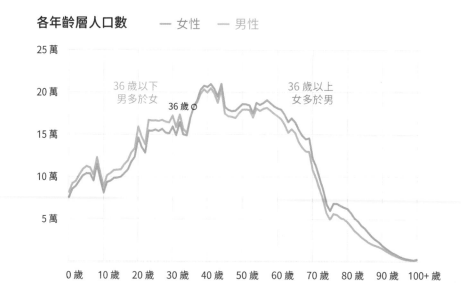

各年齡層人口數　　─ 女性　　─ 男性

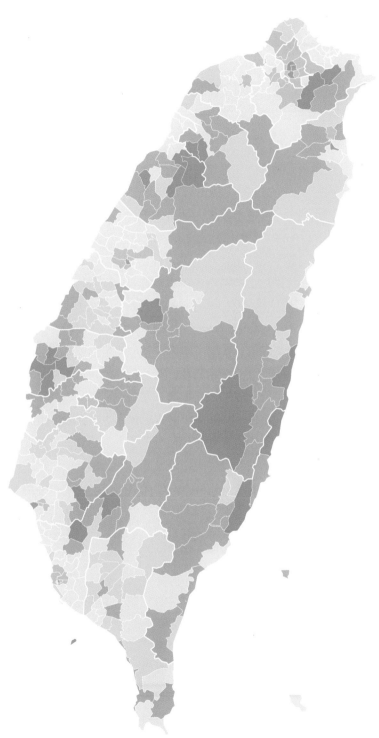

性別比
男性÷女性×100

男多	女多
175	85
120	90
110	95
105	100
100	

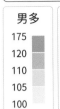
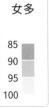

● 男多於女

1 連江縣莒光鄉 171
2 連江縣東引鄉 159
3 連江縣北竿鄉 137
4 臺南市左鎮區 132
5 臺東縣長濱鄉 129

● 女多於男

1 臺北市中山區 86
2 臺北市大安區 87
3 臺北市松山區 88
4 高雄市前金區 89
5 宜蘭縣羅東鎮 89

4-8

年齡
少子化與高齡化危機

「臺灣正面臨少子化與高齡化的人口危機」這樣的說法反覆出現在每年的新聞版面上。近幾年出生人數持續低於20萬人，死亡人數超越出生人數，人口萎縮的危機迫在眉睫。

學者在討論人口結構時，通常會將人口依照年齡分成3組：0～14歲的幼年人口、15～64歲的壯年人口、65歲以上的老年人口。不過，本書將幼年與壯年人口的分界分別調整為17、18歲，主要是考量到國中學生畢業升學的比例接近百分之百，擴展幼年的年齡範圍能夠更貼合實際受扶養的人數。

比較幼年與老年人口比例兩張地圖，我們可以觀察到幼年與老年人口的比例高低緊密相關。幼年人口較少的區域老年人口明顯偏多，幼年最少的5個行政區更與老年最多的5個完全相同。

新竹縣竹北市的幼年人口比例全國最高，老年比例最低。此一情況與新竹都會區產業蓬勃發展有關，擴增的就業機會帶動青年人口大量移入，連帶使得出生人口也增加不少。然而人口快速成長的同時，公共資源卻來不及配合。

近幾年竹北市出現國中小學生搶讀學校的現象，為了因應龐大的就學需求，校方也被迫超額招生。儘管政府已陸續新建多所國中小學校，卻還是難以滿足孩童就學的需求。竹北入學的熱潮與臺灣其他縣市減班廢校的趨勢形成強烈對比。

雲林、嘉義、臺南、高雄等農業鄉鎮的老年人口比例明顯高於全國。新北市坪林、雙溪、平溪等山區的老化情形也相當明顯，與都會地區差距甚大。新北市平溪區的老年人口比例超過30%，幼年只有6.4%，可說是臺灣最老的鄉鎮。

人口金字塔更清楚展示人口與年齡的關係。竹北作為年輕城市的代表，幼年人口明顯多於發展成熟的臺北市萬華區。在鄉村方面，南澳的人口結構年輕，0～60歲的人口比例相當均勻。平溪的人口則是完全偏向高齡，預示臺灣未來人口結構的可能樣貌。

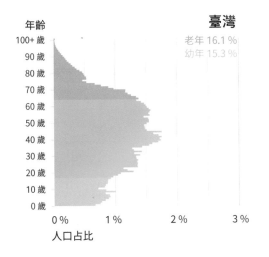

年齡

臺灣

老年 16.1 %
幼年 15.3 %

人口占比

人口金字塔

人口金字塔是用來呈現特定地區年
齡與性別結構的圖表。一般來說會
以縱軸為年齡,橫軸為人口占比,
將男女人口分別畫在左右兩側,形
成金字塔的形狀。不過本章節的關
注焦點在於年齡結構,因此將人口
占比不分性別置於同側。

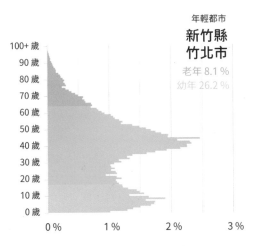

年輕都市
**新竹縣
竹北市**

老年 8.1 %
幼年 26.2 %

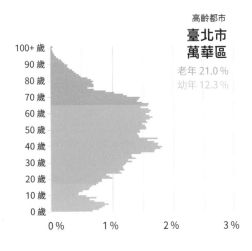

高齡都市
**臺北市
萬華區**

老年 21.0 %
幼年 12.3 %

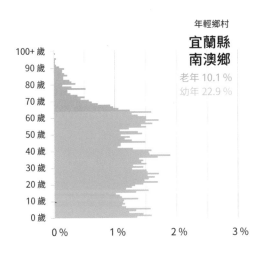

年輕鄉村
**宜蘭縣
南澳鄉**

老年 10.1 %
幼年 22.9 %

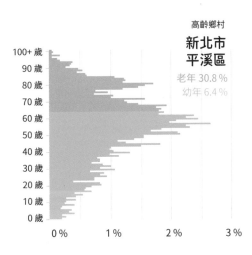

高齡鄉村
**新北市
平溪區**

老年 30.8 %
幼年 6.4 %

幼年人口比例

17 歲以下人口占比 %

	31
	22
	20
	17
	14
	12
	10
	5

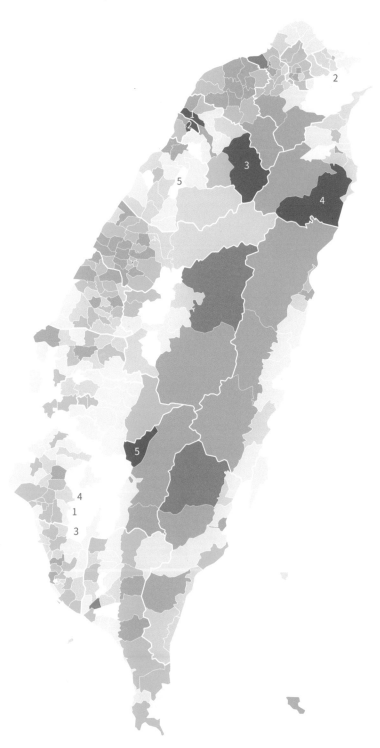

● 幼年人口比例高

1 新竹縣竹北市　26.2 %
2 新竹市東區　23.3 %
3 新竹縣尖石鄉　23.1 %
4 宜蘭縣南澳鄉　22.9 %
5 高雄市那瑪夏區 22.7 %

幼年人口比例低

1 臺南市龍崎區 5.8 %
2 新北市平溪區 6.4 %
3 高雄市田寮區 7.1 %
4 臺南市左鎮區 7.2 %
5 苗栗縣獅潭鄉 7.5 %

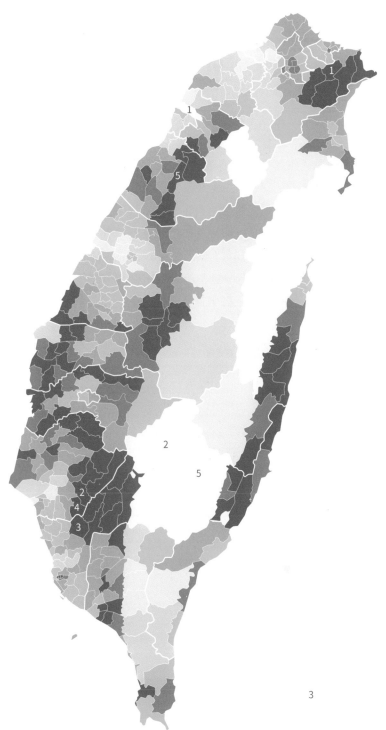

老年人口比例

65 歲以上人口占比 %

⬤ 老年人口比例高

1 新北市平溪區 30.8 %
2 臺南市左鎮區 29.4 %
3 高雄市田寮鄉 29.2 %
4 臺南市龍崎區 28.8 %
5 苗栗縣獅潭鄉 28.5 %

老年人口比例低

1 新竹縣竹北市 8.1 %
2 高雄市桃源區 8.3 %
3 臺東縣蘭嶼鄉 8.4 %
4 連江縣東引鄉 9.1 %
5 臺東縣海端鄉 9.2 %

4-9 | 死亡
死亡率背後的祕密

想想看，臺北市與桃園市哪個縣市的人口死亡率比較低？

多數人應該會覺得是臺北市，畢竟臺北的人均收入高，醫療資源豐富且密集，死亡率較低是相當合理的推測。實際上 2020 年臺北市與桃園市的粗死亡率（死亡人口÷人口數）分別是 6.5‰、5.8‰，臺北市略高一些。為什麼會這樣？請仔細看看以下的數據，裡面藏著一個弔詭的地方。

你發現了嗎？如果以 65 歲為界，將人口分成兩群，臺北市個別的人口死亡率都低於桃園市；但把兩群加總起來，臺北市的死亡率反而比桃園市更高。我們該如何解釋這樣的現象？

導致人類死亡的主要因素是人體健康，而健康狀況又主要受到年齡的影響，老年人死亡率會比青年人更高。換個角度來說，在衛生情況相同的條件下，老年人較多的地方，整體人口粗死亡率會被拉高。

由此可知，人口的「年齡結構」會直接影響一個地區的粗死亡率。臺北市與桃園市的人口年齡結構正好有很大的差異，臺北市老年人口比例是 19%，桃園市只有 13%。如此一來，儘管臺北市各年齡層死亡率都低於桃園市，但因為整體人口年齡較老，所以粗死亡率比桃園市更高。

		臺北市	桃園市
0~64歲	死亡率	1.7‰	2.0‰
	死亡數	3491	4037
	人口數	2106779	1976748
65歲以上	死亡率	27.6‰	31.2‰
	死亡數	13680	9109
	人口數	495639	292059
全體人口	死亡率	6.5‰	5.8‰
	死亡數	17171	13146
	人口數	2602418	2268807

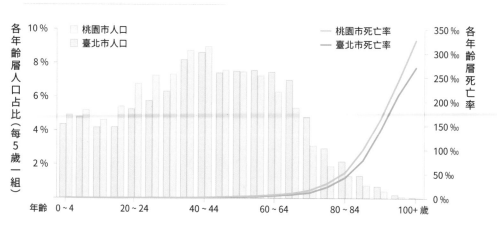

透過前面的例子我們可以知道，粗死亡率不適合用來比較不同地區的死亡與健康狀況，因此學界經常會使用「標準化死亡率」作為替代指標。計算方法是把每個年齡層的死亡率分別取出來，再選用同樣一套人口年齡結構（標準人口）加權計算，藉此讓不同地區的死亡水準可以在同一基準之下相互比較。

國際上通用的標準人口是世界衛生組織公布的 2000 年世界人口。然而這組人口的幼年比例非常高，與臺灣青壯年人口為主的現況差距過大，因此本文使用 2020 年臺灣整體人口的年齡結構作為標準人口，計算各縣市的標準化死亡

率。同時我們也將原始的粗死亡率一起對照呈現。

整體而言，南部縣市的死亡率比北部高，臺東與屏東的數值名列前茅，臺北市則遠低於其他縣市。金門與馬祖的死亡率也明顯低於臺灣本島，原因可能是這些地區與臺北關係密切，有許多居民在當地設籍，但實際生活於臺北地區。

死亡率的數據差異一方面顯示各地人口結構的差異，另一方面也反映醫療資源空間分配不平均的狀況。在本書「8-3 醫院」可以進一步看見這樣的現象。

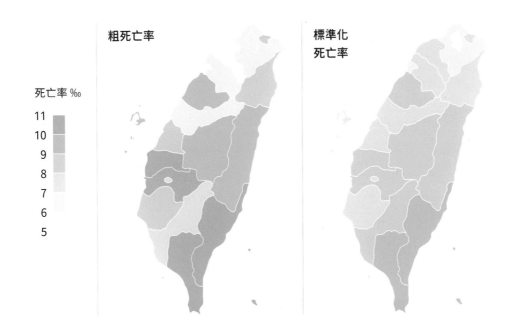

粗死亡率　　　　　　　　標準化死亡率

死亡率 ‰
11
10
9
8
7
6
5

除了粗死亡率與標準化死亡率以外，「死亡人口年齡中位數」是另一個觀察各地人口死亡差異的數據。我們可以簡單推測在死者年齡偏高的地區居民比較長壽。

右邊這張就是「死亡人口年齡中位數」地圖。整體來看，平地地區的死亡年齡中位數比山地鄉鎮更高，平地人口的壽命普遍較長。此一現象與族群基因無關，人體健康更受到生活習慣、醫療資源、經濟收入等因素影響。區域之間的壽命差距反映「健康不平等」的狀況，是值得關注的公共政策及公共衛生議題。

許多鄉村地區的死亡年齡中位數高於都市地區，尤其在新北市特別明顯，坪林高達 85 歲全國居冠，三重卻只有 73 歲。這是否表示鄉村居民真的比較長壽？更合理的解釋是鄉村地區的人口結構偏向高齡，死者當然也就會以高齡者為主。由此可知此項指標也存在一些限制。

死亡情況與經濟收入是否存在關聯？下圖是各鄉鎮市區死亡年齡中位數與綜合所得中位數的對照圖。我們可以發現所得 30 萬至 50 萬之間的地區，所得與死亡年齡沒有顯著相關；但收入高於 50 萬的地區，死亡年齡中位數普遍都高於 70 歲。由此可知經濟與死亡之間可能具有一定程度的關聯。

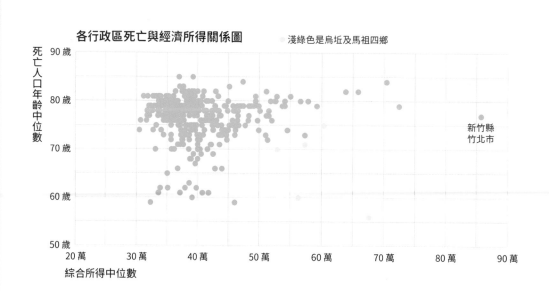

各行政區死亡與經濟所得關係圖　　淺綠色是烏坵及馬祖四鄉

死亡人口年齡中位數

90 歲　80 歲　70 歲　60 歲　50 歲

20 萬　30 萬　40 萬　50 萬　60 萬　70 萬　80 萬　90 萬

綜合所得中位數

新竹縣竹北市

死亡人口
年齡中位數

- 85 歲
- 82 歲
- 79 歲
- 76 歲
- 73 歲
- 70 歲
- 65 歲
- 55 歲

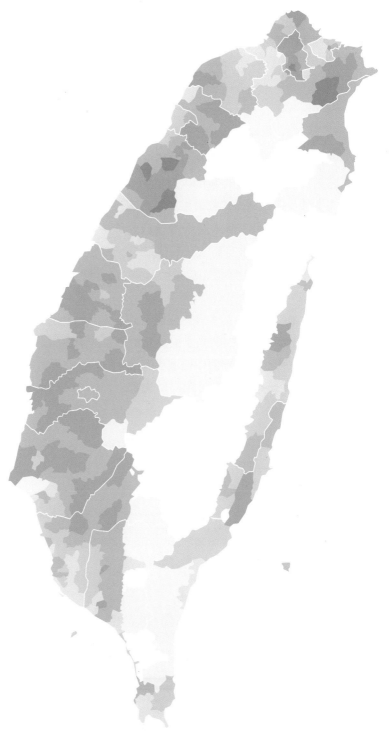

85 歲	苗栗縣西湖鄉
	新北市坪林區
84 歲	澎湖縣望安鄉
	臺北市大安區
83 歲	澎湖縣西嶼鄉
	苗栗縣大湖鄉
	苗栗縣頭屋鄉

4-10 | 出生
年輕媽媽與高齡媽媽

你知道你出生的時候母親幾歲嗎？

隨著女性投入勞動市場的人數增加，臺灣女性人口的結婚年齡與生育年齡都持續往後推延，30 多歲結婚生子已經不算晚。2020 年所有新生兒母親的年齡眾數落在 31 歲，年齡中位數則是 32 歲，相當接近 34 歲高齡產婦的定義。

生育年齡的高低同樣也具有空間上的差異。普遍來說都會區女性生育年齡較晚，臺北市的生產年齡中位數更高達 34 歲，也就是有一半的母親屬於高齡產婦。相對而言，山地鄉鎮的母親普遍較年輕，年齡最低的新竹縣尖石鄉與苗栗縣泰安鄉都是 25 歲。

生育年齡與結婚年齡的關係緊密，有些夫妻是因懷孕生子而結婚，有些是結婚不久後即生子。都市居民往往因求學與就業的緣故較為晚婚，山地鄉的居民則較早組成家庭，因而在生育年齡上形成明顯的空間差異。

出生嬰兒生母年齡

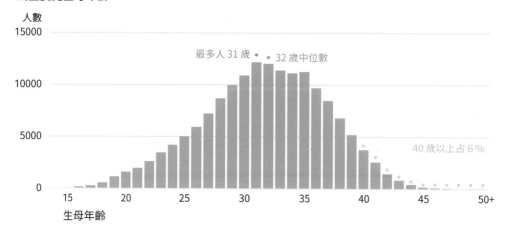

人數

最多人 31 歲 ● ● 32 歲中位數

40 歲以上占 6 %

生母年齡

出生嬰兒
生母年齡
中位數

- 34 歲
- 33 歲
- 32 歲
- 31 歲
- 30 歲
- 29 歲
- 28 歲
- 27 歲 以下

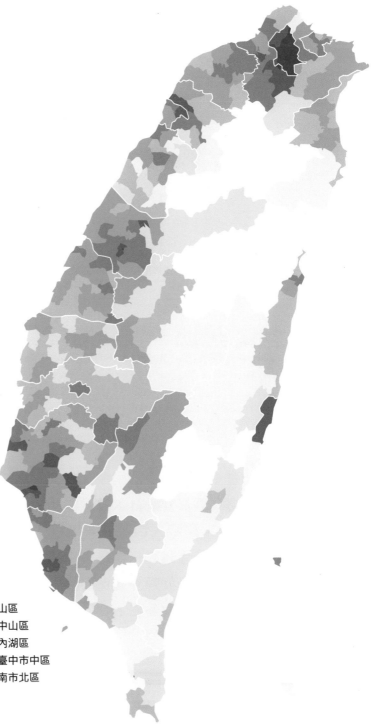

34 歲	臺北市大安區、松山區
	中正區、大同區、中山區
	文山區、南港區、內湖區
	士林區、信義區、臺中市中區
	新北市永和區、臺南市北區
26 歲	新竹縣尖石鄉
	苗栗縣泰安鄉

05

產業與經濟

紐西蘭是牛羊比人多的國家，臺灣是雞比人多的
國家。農業委員會統計，臺灣飼養的雞數量超過
9500 萬隻，是總人口數的 4 倍以上。這些雞有
一半是產蛋的蛋雞，一半是食用的肉雞。不過，
目前銷售市場仍仰賴外國進口。各位覺得是雞養
太少，還是人吃太多呢？

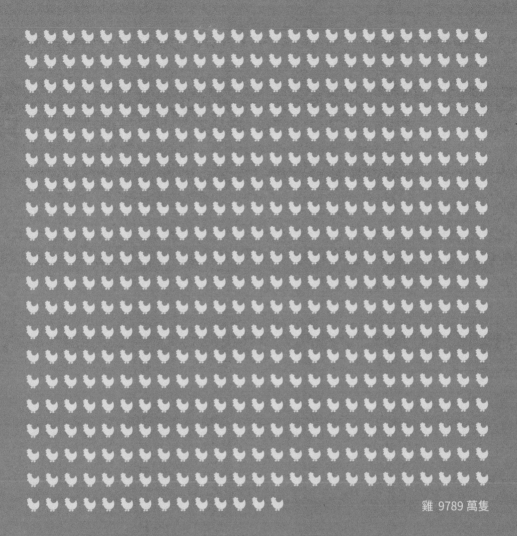

雞 9789 萬隻

鵝 107 萬隻

牛 16 萬隻

羊 13 萬隻

鴨 745 萬隻

豬 547 萬隻

＊每隻動物約表示 20 萬隻

5-1 ｜ 就業結構
以工、商業為核心的社會

臺灣的就業人口約為 1150 萬人，占全國總人口數的 49%。

這不表示失業率超過一半。失業率的統計指標會排除幼童、學生、退休族、家務勞動者等，失業人口只會計算想要找工作卻未找到合適工作者。實際上，目前全國的失業率約為 4%，各縣市的空間差異不大。

臺灣的經濟產業以工商業為主，全體工作人口的就業類型占比為農業 5%，工業 35%，服務業 60%。整體來說，各縣市的農業人口比例都是最低，工業人口次之，服務業最高。唯二的例外是臺東縣的工業人口占比最低，彰化縣的工業人口占比最高。

北北基的農業人口比例都在 1% 以下。臺北市的服務業占比更超過 80%，是商業化程度最高的縣市。

雲林、嘉義、南投、屏東、臺東都有約 20% 的人口從事農業，是臺灣重要的農業生產區域。花東地區的工業人口比例低於全國，服務業人口比例較高。

歷年各月失業率 —— 男性 —— 女性

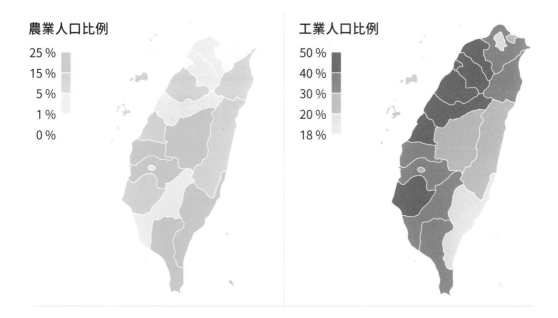

農業人口比例

25 %
15 %
5 %
1 %
0 %

工業人口比例

50 %
40 %
30 %
20 %
18 %

各縣市就業人口行業結構 數據經四捨五入計算，故加總可能不為 100。金門馬祖無統計資料。

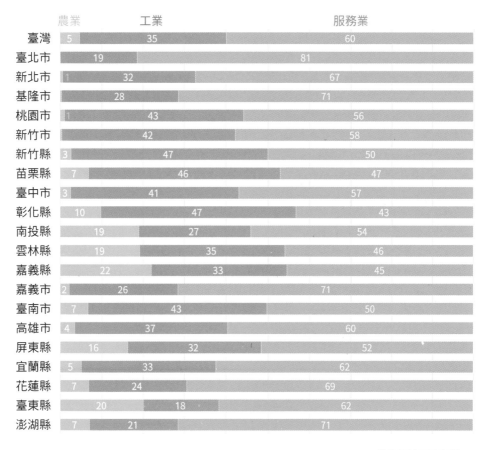

	農業	工業	服務業
臺灣	5	35	60
臺北市	19		81
新北市	1	32	67
基隆市	28		71
桃園市	1	43	56
新竹市	42		58
新竹縣	3	47	50
苗栗縣	7	46	47
臺中市	3	41	57
彰化縣	10	47	43
南投縣	19	27	54
雲林縣	19	35	46
嘉義縣	22	33	45
嘉義市	2	26	71
臺南市	7	43	50
高雄市	4	37	60
屏東縣	16	32	52
宜蘭縣	5	33	62
花蓮縣	7	24	69
臺東縣	20	18	62
澎湖縣	7	21	71

5-2 | 農業
臺灣人常吃的食物來自何處？

我們吃的食物從哪裡來？這個主題用地圖來呈現再適合不過。本書從農業委員會的資料庫選擇數十項臺灣人常吃的蔬菜、水果、穀物、根莖、雜糧等作物，把生產量前 3 名的產地標記在地圖上，藉此觀察各種農產品的產地分布特色。

透過地圖呈現農作物的產地，我們可以發現各種作物的分布特性不盡相同。有些作物集中在特定地區，有些分散在臺灣各地。蔬菜與稻米多半種植在平地，水果則靠近丘陵淺山地區。

菠菜、萵苣（包含 A 菜、福山萵苣、蘿蔓生菜）等一般葉菜類的產地集中在雲林縣西螺鎮和二崙鄉，這兩個鄉鎮的產量就占了全國超過一半。藉由此一數據可以得知彰化縣與雲林縣所屬的濁水溪沖積平原對臺灣農業生產的重要性。

高麗菜的產地分布與其他蔬菜不同，產量前三名的鄉鎮都在山區，重要的生產據點包含宜蘭縣大同鄉南山部落、四季部落、臺中梨山等地，顯見臺灣人對高山高麗菜的熱愛。

恆春半島盛產洋蔥，原因與該地的自然環境密切相關。每年冬季至春季東北季風翻過中央山脈，在恆春半島西岸形成強勁且乾燥的落山風，風速甚至可比颱風。落山風讓洋蔥的葉脈彎折倒地，使得養分集中在球莖裡面，種出來的洋蔥又甜又脆。

「大湖採草莓」這樣的印象深植人心。臺灣生產的草莓有高達 80% 出自苗栗大湖，大湖幾乎成了草莓的同義詞。造就這個現象的原因有很多，其中之一是國內旅遊興盛之後，大湖順勢發展出觀光果園，讓遊客體驗採草莓的樂趣。成功的行銷策略為農民帶來可觀的收入，種植面積和產量因而大幅提升。

屏東縣沿海鄉鎮盛產蓮霧，「黑珍珠」的品種名號遠近馳名。屏東縣沿海一帶的土地鹽分高，一般作物難以生長。然而蓮霧在惡劣的環境中會把養分集中送往果實，因此種植出來的蓮霧雖然小顆，但甜度特別高。近年來，由於地層下陷與土壤鹽化的影響，蓮霧產區日漸往內陸移動。

「紅豆生南國」王維〈相思〉的詩句人人琅琅上口，有趣的是臺灣紅豆同樣也產於南方，屏東縣萬丹鄉更被譽為紅豆的故鄉。紅豆是稻米收割之後的秋冬短期作物，陽光普照且水源充沛的屏東平原因而成為適合種植的地點。近年來地方舉辦萬丹紅豆節、萬丹紅豆馬拉松等活動，都讓萬丹紅豆的名號更加響亮。

　　稻米是多數臺灣人的主食也是最普遍的作物。稻米可分為稉稻、軟秈稻、硬秈稻、稉糯稻、秈糯稻，每種類型都有其特色與用途，概略介紹如下表。在閱讀地圖時需要特別留意的是，產量最大的稉稻種植範圍廣泛，全臺各地都有一定的產量，但就算是產量最多的玉里鎮也僅占 3%。

　　農作物的產地分布除了受到自然環境的地形、土壤、氣候等因素影響，社會空間的特性同樣也相當重要。各區域內部農民、農會、產銷班、技術人員彼此之間的交流互動，往往會成為各區域作物種類、產量多寡、品質高低的關鍵。

　　地圖幫助我們把統計資料轉化為容易看懂的訊息，更重要的是我們可以從這些訊息發掘出什麼故事。本書礙於篇幅限制僅能簡單介紹部分作物，但這 4 張地圖之中有更多議題值得探索，有興趣的讀者不妨按圖索驥，尋找其他臺灣農業的故事。

類型	俗稱	用途	產量
稉稻	圓米、蓬萊米	米飯、壽司（因黏性高）	1619027 公噸
軟秈稻	長米、泰國米	米飯（因黏性低、粒粒分明）	47650 公噸
硬秈稻	在來米	碗粿、板條、蘿蔔糕	9122 公噸
稉糯稻	圓糯米	甜點、麻糬、湯圓、八寶粥	48047 公噸
秈糯稻	長糯米	鹹點、飯糰、油飯、米糕、肉粽	27184 公噸

蔬菜

蔬菜產地與產量占比

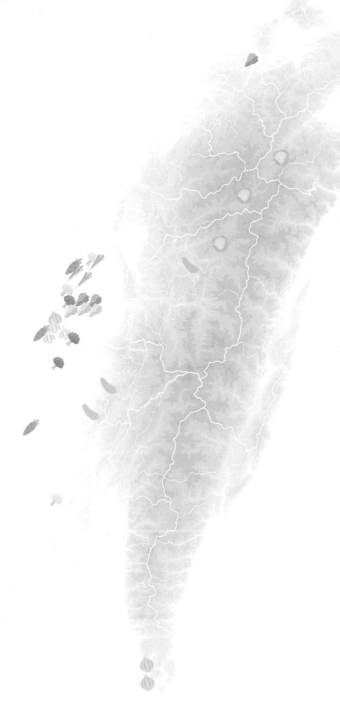

高麗菜
宜蘭大同 23 %
臺中和平 12 %
南投仁愛　8 %

菠菜
雲林二崙 37 %
雲林西螺 22 %
桃園八德 11 %

萵苣
雲林西螺 30 %
雲林二崙 24 %
雲林崙背 25 %

花椰菜 白
彰化埔鹽 31 %
高雄路竹 17 %
彰化大城 12 %

青花菜 綠
嘉義六腳 19 %
雲林崙背 11 %
雲林元長 10 %

胡蘿蔔
彰化芳苑 18 %
雲林四湖 14 %
臺南將軍 14 %

絲瓜
臺南東山 13 %
南投埔里 11 %
嘉義中埔　8 %

蔥
彰化芳苑 20 %
彰化二林 10 %
彰化埔鹽 10 %

蒜頭
雲林四湖 21 %
雲林元長 17 %
雲林東勢 13 %

洋蔥
屏東恆春 18 %
屏東車城 16 %
雲林東勢 14 %

水果

水果產地與產量占比

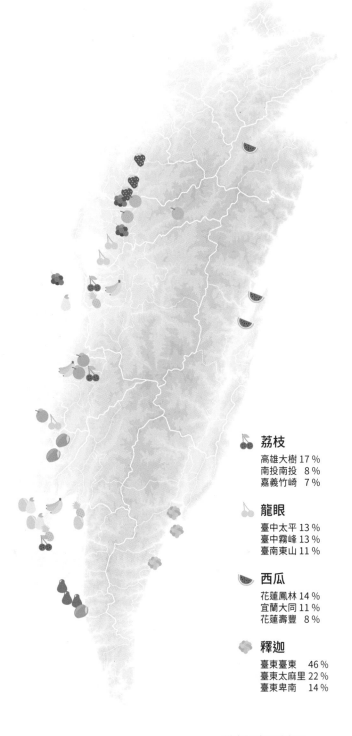

草莓
苗栗大湖 79 %
苗栗獅潭 5 %
苗栗卓蘭 4 %

梨
臺中和平 29 %
臺中東勢 24 %
苗栗卓蘭 23 %

巨峰葡萄
彰化溪湖 23 %
苗栗卓蘭 21 %
臺中新社 15 %

香蕉
高雄旗山 7 %
南投中寮 6 %
嘉義竹崎 6 %

椪柑
臺南東山 19 %
嘉義梅山 17 %
嘉義竹崎 12 %

芒果
臺南楠西 12 %
臺南玉井 12 %
屏東枋寮 10 %

鳳梨
南投名間 9 %
高雄大樹 8 %
屏東高樹 7 %

芭樂
高雄燕巢 16 %
彰化溪州 11 %
高雄阿蓮 4 %

棗子
屏東高樹 21 %
高雄燕巢 18 %
高雄阿蓮 10 %

蓮霧
屏東南州 13 %
屏東佳冬 13 %
屏東枋寮 9 %

荔枝
高雄大樹 17 %
南投南投 8 %
嘉義竹崎 7 %

龍眼
臺中太平 13 %
臺中霧峰 13 %
臺南東山 11 %

西瓜
花蓮鳳林 14 %
宜蘭大同 11 %
花蓮壽豐 8 %

釋迦
臺東臺東 46 %
臺東太麻里 22 %
臺東卑南 14 %

主食、根莖類

作物產地與產量占比

粳稻 蓬萊米
花蓮玉里　3 %
嘉義新港　2 %
彰化二林　2 %

軟秈稻 長米
彰化芳苑 12 %
彰化秀水 12 %
彰化和美　6 %

硬秈稻 在來米
嘉義太保 21 %
屏東東港 18 %
嘉義西區 13 %

粳糯稻 圓糯米
雲林大埤 21 %
雲林斗南 15 %
臺南後壁　9 %

秈糯稻 長糯米
彰化福興 15 %
臺南善化 11 %
彰化埔鹽　9 %

地瓜
雲林水林 18 %
彰化大城 13 %
雲林東勢　8 %

馬鈴薯
雲林虎尾 15 %
臺中神岡 11 %
臺中后里 11 %

芋頭
苗栗公館 19 %
屏東高樹 18 %
臺中大甲 12 %

南瓜
花蓮鳳林　4 %
雲林水林　3 %
臺南歸仁　2 %

山藥
南投名間 54 %
彰化芳苑 24 %
南投南投　6 %

玉米
雲林元長　9 %
雲林虎尾　9 %
雲林土庫　9 %

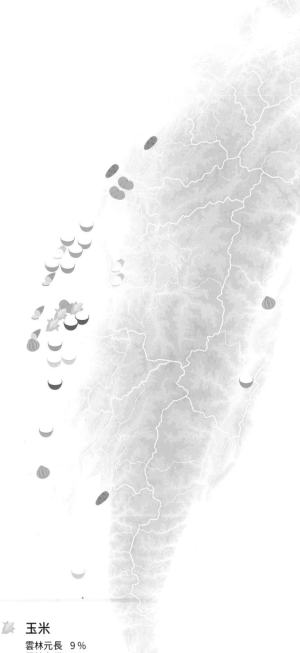

雜糧、點心

作物產地與產量占比

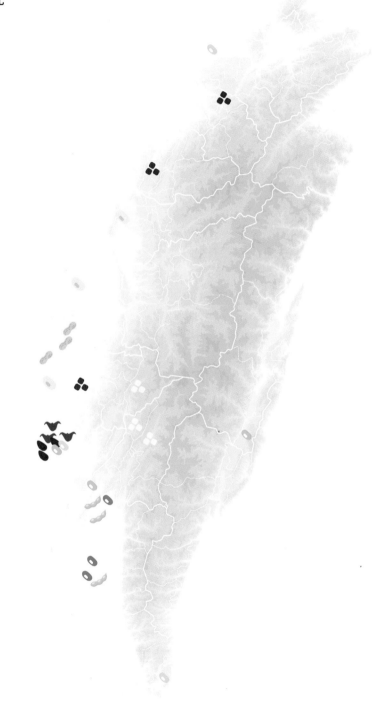

紅豆
屏東萬丹 24 %
高雄美濃 16 %
屏東新園 13 %

綠豆
高雄內門 18 %
臺南善化 15 %
花蓮富里 11 %

大豆
屏東滿州 10 %
桃園觀音　6 %
臺南善化　6 %

毛豆
高雄旗山 16 %
屏東崁頂　9 %
屏東里港　9 %

花生
雲林元長 16 %
雲林水林　8 %
雲林土庫　8 %

芝麻
臺南善化 20 %
臺南西港 13 %
臺南安定　7 %

薏仁
彰化二林 45 %
嘉義朴子 26 %
臺中大雅 11 %

菱角
臺南官田 74 %
臺南下營　6 %
臺南麻豆　5 %

愛玉
嘉義阿里山 35 %
高雄桃源　　34 %
高雄那瑪夏　7 %

仙草
新竹關西 63 %
嘉義水上 13 %
苗栗銅鑼　8 %

5-3 | # 畜牧業
雞鴨豬牛羊都在哪裡？

看完農業地圖，來看看畜牧業的情形。雞、鴨、鵝、豬、牛、羊都是臺灣畜牧業大量飼養的動物，提供國人各式各樣的畜產品。這些畜牧動物各自有什麼分布特色呢？

本書將這些動物的飼養情形透過資訊圖像的手法來呈現，依照動物種類分為 5 張圖。每張圖可以分為 4 個部分：

① 表列各縣市的飼養數量與占比
② 圓餅圖顯示飼養品種的結構
③ 長條圖畫出最近 30 年的產業趨勢
④ 地圖呈現整體飼養的空間分布

雞是臺灣飼養規模最大的動物，總數量將近 1 億隻，年產蛋量更超過 81 億顆，約等同於所有人 1 天吃 1 顆雞蛋的數量，規模相當驚人！從地區來看，彰化縣飼養幾乎一半的蛋雞，雲林縣則飼養比較多肉雞，兩地的產業類型有所不同。

乳牛亦是重要的經濟動物，每年生產超過 4 億公斤的新鮮牛乳。肉牛產業相對來說較不發達，飼養數量遠不及食用需求，因此多數牛肉產品皆是從國外進口。養羊產業的情況相當類似，市面上的羊肉也是以進口為主，而且國內養羊業的規模正逐年遞減，目前飼養數量僅有 1997 年高峰的 1/3。

傳染病對臺灣畜牧業的影響非常巨大。1990 年代養豬業興盛，整體養殖規模超過 1000 萬隻，但在 1997 年口蹄疫爆發之後向下反轉，現在的規模約為 500 萬隻。養鵝業則是在 2015 年受到禽流感疫情重創，目前仍在穩健恢復當中。

這些地圖顯示臺灣的畜牧業幾乎都集中在中南部平原。讀者不妨想想這對於臺灣而言有什麼影響？是好還是壞？

肉雞
5394 萬隻
2021 Q3 統計

1. 雲林縣　1064 萬　20 %
2. 臺南市　994 萬　18 %
3. 彰化縣　803 萬　15 %
4. 屏東縣　735 萬　14 %
5. 嘉義縣　539 萬　10 %

蛋雞
4395 萬隻
2021 Q3 統計

1. 彰化縣　1997 萬　45 %
2. 屏東縣　720 萬　16 %
3. 嘉義縣　510 萬　12 %
4. 臺南市　455 萬　10 %
5. 高雄市　297 萬　7 %

雞蛋
81.7 億個
2020 統計

1. 彰化縣　36.5 億　45 %
2. 屏東縣　13.4 億　16 %
3. 嘉義縣　9.3 億　11 %
4. 臺南市　8.5 億　10 %
5. 高雄市　6.2 億　8 %

肉雞種類

紅羽土雞 1570 萬
白肉雞 2612 萬
黑羽土雞 987 萬
其他 224 萬

雞‧分布

肉雞　蛋雞
= 200 萬隻
= 100 萬隻

雞‧趨勢　歷年雞數量

■ 雞（所有）　■ 肉雞　■ 蛋雞

年度	0.5 億	1 億	1.5 億

2020
2015
2010
2005
2000
1995
1990

肉牛
3.6 萬隻
2021 Q3 統計

1·	屏東縣	0.62 萬	17 %
2·	雲林縣	0.56 萬	16 %
3·	金門縣	0.52 萬	15 %
4·	臺南市	0.42 萬	12 %
5·	彰化縣	0.34 萬	10 %

乳牛
12.6 萬隻
2021 Q3 統計

1·	彰化縣	3.06 萬	24 %
2·	屏東縣	2.25 萬	18 %
3·	臺南市	2.20 萬	17 %
4·	雲林縣	1.61 萬	13 %
5·	嘉義縣	0.82 萬	7 %

牛乳
4.4 億公斤
2020 統計

1·	彰化縣	1.12 億	26 %
2·	臺南市	0.73 億	17 %
3·	屏東縣	0.71 億	16 %
4·	雲林縣	0.58 億	13 %
5·	嘉義縣	0.29 億	7 %

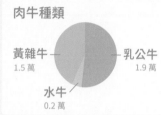

肉牛種類

黃雜牛 — 乳公牛
1.5 萬 — 1.9 萬

水牛
0.2 萬

牛 · 分布

肉牛 乳牛

= 5000 隻

= 2500 隻

牛 · 趨勢

歷年牛數量

年度　　　　　10 萬　15 萬　20 萬

2020

2015

2010

2005

2000

1995

1990

肉羊
9.5 萬隻

2021 Q3 統計

1・彰化縣	1.8 萬	19 %
2・臺南市	1.4 萬	15 %
3・雲林縣	1.3 萬	14 %
4・屏東縣	0.9 萬	9 %
5・金門縣	0.8 萬	8 %

乳羊
3.8 萬隻

2021 Q3 統計

1・臺南市	0.96 萬	25 %
2・嘉義縣	0.69 萬	18 %
3・高雄市	0.60 萬	16 %
4・彰化縣	0.39 萬	10 %
5・雲林縣	0.33 萬	9 %

羊乳
1320 萬公斤

2020 統計

1・臺南市	339 萬	26 %
2・嘉義縣	267 萬	20 %
3・高雄市	207 萬	16 %
4・彰化縣	137 萬	10 %
5・雲林縣	124 萬	9 %

羊肉爐知名產地

彰化縣溪湖鄉　高雄市岡山區

羊・分布

肉羊　乳羊

= 5000 隻

= 2500 隻

羊・趨勢 歷年羊數量

■ 肉羊　　■ 乳羊

年度	20 萬	40 萬
2020		
2015		
2010		
2005		
2000		
1995		
1990		

肉鴨

548 萬隻

2021 Q3 統計

1·	雲林縣	180 萬	33 %
2·	屏東縣	135 萬	25 %
3·	彰化縣	119 萬	22 %
4·	臺南市	41 萬	7 %
5·	花蓮縣	22 萬	4 %

蛋鴨

197 萬隻

2021 Q3 統計

1·	屏東縣	97 萬	49 %
2·	彰化縣	64 萬	32 %
3·	臺南市	17 萬	9 %
4·	嘉義縣	7 萬	3 %
5·	雲林縣	6 萬	3 %

鴨蛋

4.35 億個

2020 統計

1·	屏東縣	2.14 億	49 %
2·	彰化縣	1.29 億	30 %
3·	臺南市	0.42 億	10 %
4·	嘉義縣	0.22 億	5 %
5·	雲林縣	0.11 億	3 %

肉鴨種類

北京鴨
106 萬

土番鴨
386 萬

番鴨
56 萬

鴨·分布

肉鴨 蛋鴨

= 20 萬隻

= 10 萬隻

鴨·趨勢

歷年肉鴨與蛋鴨數量

豬	鵝	鵪鶉
547 萬隻	**107 萬隻**	**202 萬隻**
2021.11 統計	2021 Q3 統計	2021 Q3 統計
1·雲林縣　156 萬　28 %	1·雲林縣　42 萬　39 %	1·彰化縣　90 萬　45 %
2·屏東縣　122 萬　22 %	2·嘉義縣　21 萬　19 %	2·嘉義縣　50 萬　25 %
3·彰化縣　76 萬　14 %	3·臺南市　18 萬　17 %	3·臺南市　42 萬　21 %
4·臺南市　58 萬　11 %	4·屏東縣　9 萬　8 %	4·高雄市　9 萬　5 %
5·嘉義縣　39 萬　7 %	5·高雄市　8 萬　7 %	5·屏東縣　4 萬　3 %

豬·趨勢 歷年豬數量

1997 口蹄疫

豬+鵝·分布

豬　鵝
= 30 萬隻
= 15 萬隻

鵝·趨勢 歷年鵝數量

2015 禽流感

5-4

養殖漁業
養殖大王在臺南

　　臺灣西南部沿海屬於潟湖地形，養殖漁業的發展歷史已超過百年。如今許多地區已開闢為棋盤狀的魚塭，形成頗具規模的養殖產業，而各個縣市基於地理環境與歷史背景的不同，各有其盛行的養殖魚種。

　　虱目魚是養殖規模最大的魚類，養殖面積多達 8707 公頃，年產值超過 35 億元。半數以上的虱目魚都產自臺南沿海魚塭，臺灣各地也不難看見「臺南虱目魚」的店家招牌。早期臺南沿海為範圍廣大的潟湖，在地形的優勢之下，臺南各類養殖漁業的產量幾乎都名列前茅。

　　吳郭魚是另一大重要魚種，其環境適應力強、養殖成本低、市場接受度高，因而在臺灣被廣泛養殖。桃園市是吳郭魚養殖面積最大的縣市，雖然當地沒有沿海魚塭，但遍布桃園臺地的農業灌溉埤塘有許多都作為養殖魚池所用。

　　屏東養殖漁業以石斑魚著稱。石斑魚肉質細嫩，魚身有花斑，是經濟價值相當高的魚種。2010 年起石斑魚開始大量銷往中國與香港，但近期被中國政府以殘留禁藥為由停止進口。此項禁令是政治意義或食品安全考量引發各界關注。

　　貝殼類也是養殖漁業的重要項目。牡蠣（又稱生蠔，閩南語稱蚵仔 ô-á）、文蛤（又稱蛤蜊，閩南語稱蚶仔 ham-á）是最主要的種類，兩者的養殖面積都超過魚類。

　　牡蠣的養殖方法多半是利用竹竿垂掛在海面上，漲潮時海水淹過牡蠣，退潮時再露出，這種仿似潮間帶的環境適合牡蠣生長。文蛤則是完全生長在海水之中，通常躲藏在池底的砂質環境。另外，有些魚塭會混養文蛤與虱目魚以增進互利共生的效益。

　　由於過度捕撈的緣故，野生海洋資源有日漸枯竭的趨勢，養殖漁業因而更為重要。要如何讓生產品質穩定、因應天候劇烈變化、緩解漁電搶地衝突，是養殖漁業所面臨的眾多挑戰。

各縣市養殖面積占比

虱目魚

8707 公頃
臺南市 51 %
嘉義縣 24 %
高雄市 23 %

吳郭魚

4418 公頃
桃園市 31 %
臺南市 29 %
嘉義縣 22 %

石斑魚

1589 公頃
屏東縣 33 %
臺南市 32 %
高雄市 28 %

牡蠣 蚵仔

9260 公頃
雲林縣 36 %
嘉義縣 31 %
臺南市 26 %

文蛤 蚶仔

9166 公頃
臺南市 38 %
雲林縣 36 %
彰化縣 18 %

蝦

4090 公頃
臺南市 42 %
屏東縣 39 %
高雄市　8 %

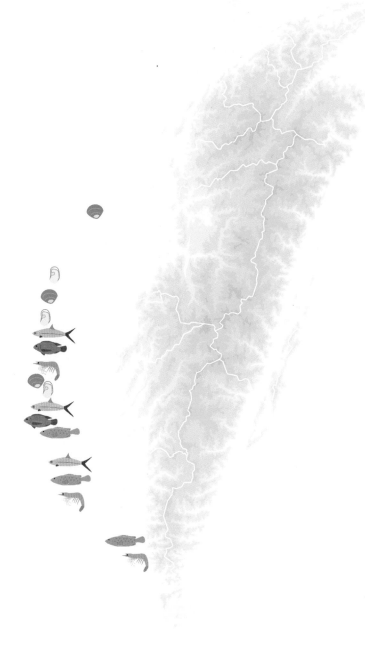

5-5

工業區
工業龍頭在新竹

　　臺灣各地有許許多多的工業區。2020 年有 61 萬人在經濟部工業局管轄的工業區就業，29 萬人在科技部管轄的科學園區工作。這些數字還不包含地方政府或民間自主開發的工業區，由此可知工業對臺灣的經濟與勞動市場都有相當的重要性。

　　工業區主要分散在西部平原各地。其中，土地完整且面積較大的是彰濱工業區與麥寮工業區，兩者都是透過填海造陸開發而成。彰濱工業區的產業類型多元，有些區域設置觀光工廠與產業博物館，兼具工業與旅遊觀光業的功能。

　　麥寮工業區主要是台塑的六輕與石化工廠，廠區設有專屬的發電廠和國際港口，供應能源與原料。麥寮工業區提供當地人許多就業機會，企業回饋金也讓麥寮的社會福利優於鄰近鄉鎮。這些因素使得麥寮鄉人口數年年增加，在彰雲嘉沿海鄉鎮之中相當突出，顯見大型工業區對區域發展的影響力。

　　新竹工業區是就業人數最多的工業區，有多達 6 萬人在此工作，因為實際地點位於新竹縣湖口鄉，所以又稱為湖口工業區。此地鄰近新竹科學園區，與高科技產業聯繫緊密，主要製造產業為電子零組件、金屬製品等，是帶動地方經濟成長的重要動力。

　　位於新北市五股區的新北產業園區舊稱為五股工業區，有超過 4 萬名就業人口，進駐廠商上千家，是規模數一數二的工業區。此工業區主要製造電腦電子光學產品、金屬製品等，另外還有教育出版社設址於此，顯示工業區並不侷限於工業廠商，各種產業類型都可能包含在內。

就業人數前 8 大工業區

	工業區名稱	就業人數	面積 公頃	廠商數	代表企業	工業區主要產品
❶	新竹工業區	60527	517	484	力成科技、中華汽車	電子零組件、金屬製品
❷	新北產業園區	42902	140	1357	興采實業、儒鴻企業	電腦電子產品、金屬製品
❸	臺中工業區	41788	582	1024	大立光電、上銀科技	機械設備、金屬製品
❹	中壢工業區	39827	423	575	東元電機、金像電子	電子零組件、機械設備
❺	高雄臨海工業區	39588	1560	491	台灣中油、中國鋼鐵	金屬製品、機械設備
❻	土城工業區	30455	107	363	鴻海工業、燿華電子	金屬製品、機械設備
❼	龜山工業區	26922	131	224	佳世達、台達電	電子零組件、紡織
❽	觀音工業區	26367	632	368	國瑞汽車、遠東新世紀	化學原材料、肥料等

■ 科學園區

■ 其他工業區

新北產業園區
土城工業區
龜山工業區
觀塘、大潭、觀音工業區
中壢工業區
新竹工業區
新竹科學園區
龍潭、新竹、竹南、銅鑼、宜蘭園區
中部科學園區
后里、臺中、二林、中興、虎尾園區
臺中工業區
彰濱工業區
南崗工業區
麥寮工業區
雲林科技工業區
臺南科技工業區
安平工業區
南部科學園區
臺南、高雄、橋頭園區
高雄臨海工業區
林園工業區
大發工業區

5-6

綜合所得
全臺最有錢的是新竹人

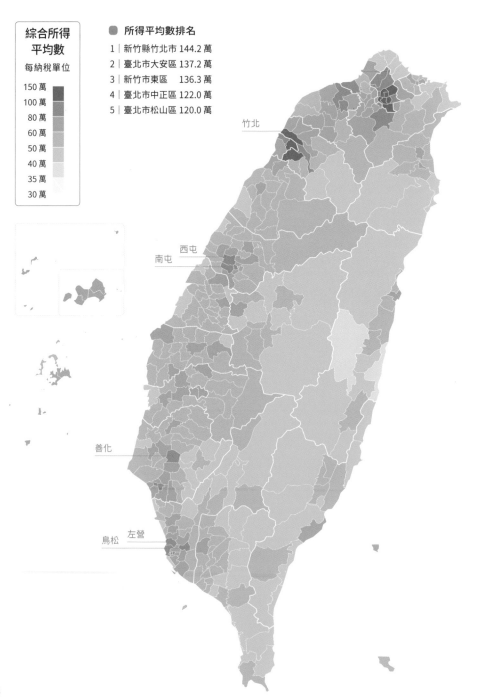

**綜合所得
平均數**

每納稅單位

150 萬
100 萬
80 萬
60 萬
50 萬
40 萬
35 萬
30 萬

● 所得平均數排名

1｜新竹縣竹北市 144.2 萬
2｜臺北市大安區 137.2 萬
3｜新竹市東區　136.3 萬
4｜臺北市中正區 122.0 萬
5｜臺北市松山區 120.0 萬

竹北

西屯
南屯

善化

鳥松　左營

臺灣各地的綜合所得收入呈現都市高於鄉村、西部高於東部、北部高於南部的樣態。新竹都會區在科學園區與相關工商產業的發展之下，吸引高收入的科技新貴在此定居。臺南善化同樣也在南部科學園區的帶動之下快速成長。

都市化與郊區化的現象讓不少郊區城鎮呈現高所得的景象，其中又以臺中市西屯、南屯，高雄市左營、鳥松等新興住宅市鎮最明顯。此外，外島地區的所得數額普遍高於全國，原因包含公務員人數比例高、居民透過地利之便來往兩岸經商等因素。

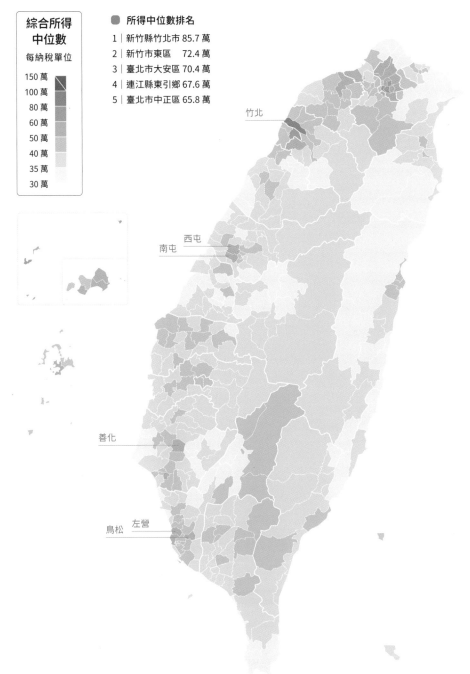

綜合所得
中位數

每納稅單位

150 萬
100 萬
80 萬
60 萬
50 萬
40 萬
35 萬
30 萬

● 所得中位數排名

1｜新竹縣竹北市 85.7 萬
2｜新竹市東區 72.4 萬
3｜臺北市大安區 70.4 萬
4｜連江縣東引鄉 67.6 萬
5｜臺北市中正區 65.8 萬

竹北

西屯
南屯

善化

鳥松　左營

5-7

低收入戶
臺北的貧窮戶數全國居冠

　　臺灣的低收入戶戶數約為 14 萬戶，占所有家戶比例約 1.6%。

　　申請低收入戶的條件之一是家戶的人均收入低於最低生活費，條件之二是家庭財產低於規定的金額。由於各地的物價水準不同，因此各地方政府設定的門檻也不盡相同。2022 年臺北市公告的最低生活費是每月 18682 元，臺南市則是 14230 元。

　　透過地圖我們可以發現，山區地帶的低收入戶比例普遍較高，尤其以東部區域最明顯。茂林區、卓溪鄉、延平鄉、復興區，都有超過 1/10 的家戶屬於低收入戶。此一現象顯示臺灣的經濟生產集中在平地都會區，山區鄉村的家戶收入普遍偏低。

　　若從戶數的角度來看，北部都會區的低收入戶戶數最多。萬華區有將近 4000 戶，桃園區、士林區、文山區、三重區、北投區都各有超過 2000 戶。儘管北部都市工作機會多，但房價與物價的水準也較高，使得臺北市的低收入戶比例與戶數都不少。

　　低收入戶比例最低的行政區是新竹縣竹北市，僅有 0.4%。近年來新竹科學園區快速發展，吸引許多青年移入從事高薪的科技業工作，使得高收入家庭數量激增。

　　此外，金門縣金寧鄉與金城鎮、連江縣東引鄉的低收入比例也都在 0.6% 以下，反映外島地區整體收入水準良好的景象。此一原因可能是較為貧窮者多半遷往臺灣本島尋找更好的工作與生活環境，留下相對富裕的人口。

歷年低收入戶戶數與人數

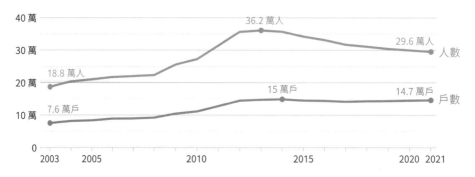

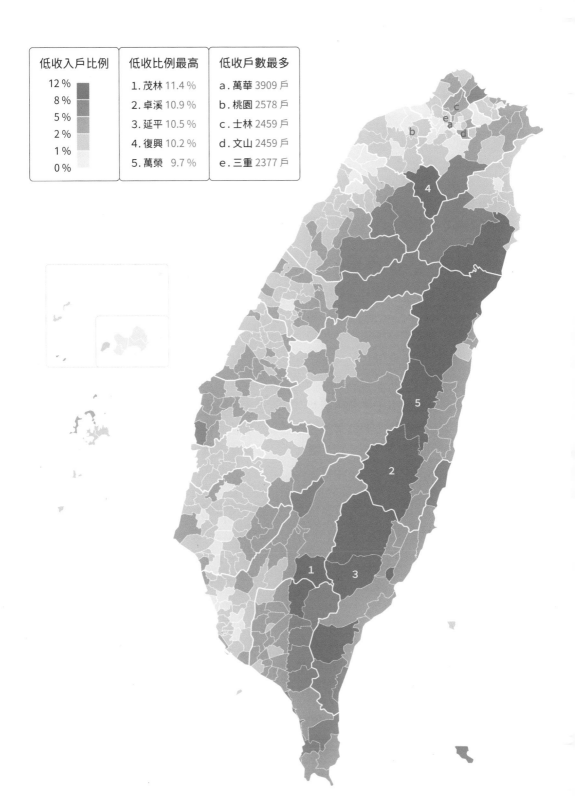

低收入戶比例
| 12 % |
| 8 % |
| 5 % |
| 2 % |
| 1 % |
| 0 % |

低收比例最高
1. 茂林 11.4 %
2. 卓溪 10.9 %
3. 延平 10.5 %
4. 復興 10.2 %
5. 萬榮 9.7 %

低收戶數最多
a. 萬華 3909 戶
b. 桃園 2578 戶
c. 士林 2459 戶
d. 文山 2459 戶
e. 三重 2377 戶

5-8 | 發票
為什麼臺北人比較容易中獎？

每個奇數月 25 日是統一發票開獎的日子，你是否有在這一天對獎的習慣？

不說你可能不知道，2020 年中獎的電子發票多達 3882 萬張。平均下來每個人 1 年可以中 1.5 次獎，而且這個數字還不包含傳統的紙本發票與手寫發票。這樣說起來中獎似乎很容易，但多數人在對獎的時候應該還是覺得很難中吧！

從空間上是否能看出中獎發票的熱區呢？右邊的地圖標記出各個行政區開出的最大獎項，可以發現開出 1000 萬特別獎的地區還真不少，地點多半都在人口眾多的都市地區。人口密集的臺北盆地更是幾乎每一區都開出 200 萬元以上的特別獎或特獎。

臺北市信義區是中獎發票數量最多的行政區，高達 259 萬張。事實上，臺北市的中獎發票數量就占了全國 1/4 以上。此一現象的原因之一是設址在臺北市的公司行號眾多，另一方面是臺北的消費人口龐大、連鎖商店廣布，電子發票的普及率高。

無論如何，發票要中獎，這種事真的可遇不可求。

2020年 電子發票中獎張數

臺北市信義區	259 萬
臺北市大安區	202 萬
臺北市中正區	121 萬
臺北市內湖區	93 萬
新北市板橋區	89 萬
臺北市中山區	85 萬
桃園市桃園區	83 萬
桃園市中壢區	80 萬
新北市中和區	67 萬
新竹市東區	65 萬

1000萬特別獎＋200萬特獎中獎張數

行政區	1000萬特別獎	200萬特獎
臺北市信義區	4	4
臺北市中正區	6	1
臺北市大安區	3	4
新北市土城區	2	4
桃園市中壢區	3	2
新北市新店區	3	1
新北市三重區	2	2
臺北市北投區	2	2
臺北市中山區	1	3
高雄市左營區		4

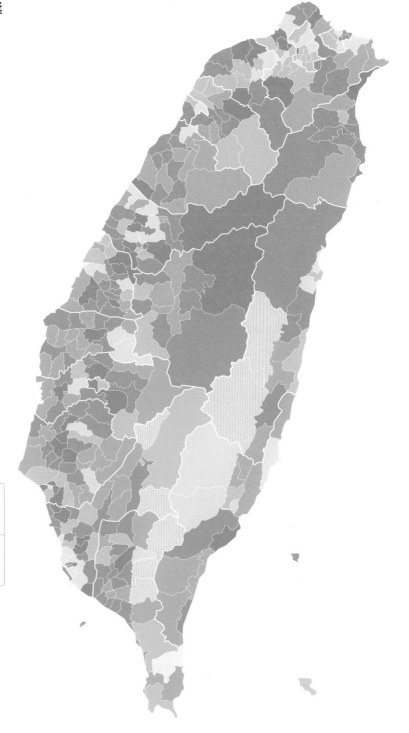

2020年各鄉鎮市區
電子發票開出最大獎

特別獎 1000 萬
特獎 200 萬
頭獎 20 萬
二獎 4 萬
三獎 1 萬
四獎 4000
五獎 1000
六獎 200
未中獎

chapter

06

交通運輸

從 1996 年首條捷運木柵線通車起（2006 年延長為文湖線），臺灣已有 10 條捷運完工通車，路線行經 5 個直轄市。桃園機場捷運的路線最長，有 51 公里，未來還會延長至中壢車站。臺中捷運綠線的車站密度最密集，全長 16.7 公里設置 18 座車站，平均距離不到 1 公里就有 1 站。

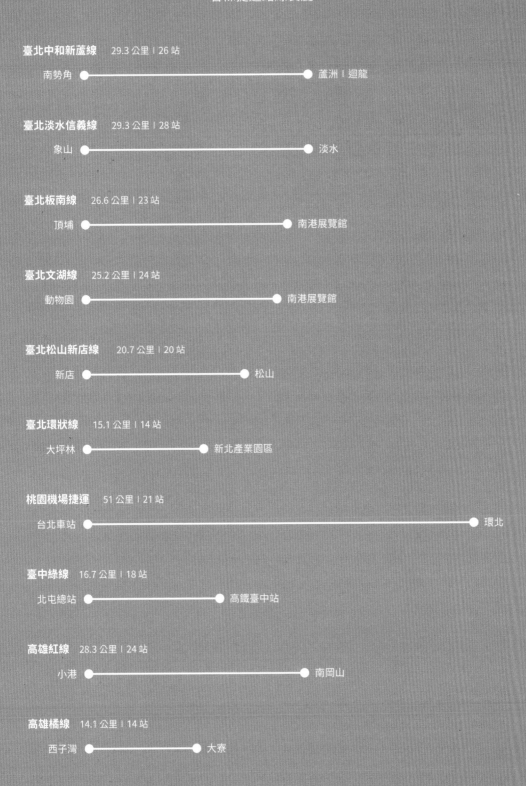

臺北中和新蘆線 29.3 公里 | 26 站

南勢角 ●━━━━━━━━━● 蘆洲 | 迴龍

臺北淡水信義線 29.3 公里 | 28 站

象山 ●━━━━━━━━━● 淡水

臺北板南線 26.6 公里 | 23 站

頂埔 ●━━━━━━━● 南港展覽館

臺北文湖線 25.2 公里 | 24 站

動物園 ●━━━━━━━● 南港展覽館

臺北松山新店線 20.7 公里 | 20 站

新店 ●━━━━━● 松山

臺北環狀線 15.1 公里 | 14 站

大坪林 ●━━━━━● 新北產業園區

桃園機場捷運 51 公里 | 21 站

台北車站 ●━━━━━━━━━━━━━● 環北

臺中綠線 16.7 公里 | 18 站

北屯總站 ●━━━━● 高鐵臺中站

高雄紅線 28.3 公里 | 24 站

小港 ●━━━━━━━━● 南岡山

高雄橘線 14.1 公里 | 14 站

西子灣 ●━━━━● 大寮

6-1

國內航線
全民搭機遊澎湖

國內線航空與客輪船班是臺灣各島嶼之間的主要交通方式。

2020 年搭乘國內線航空的人數為 503 萬人次，其中 90% 以上都是往來臺灣本島與外島之間的旅客。臺北↔澎湖是最熱門的航線，全年服務旅客 107 萬人次，臺北↔金門排名第二，高雄↔澎湖排名第三，臺中↔澎湖排名第四。在前四名的航線之中有 3 條是來往澎湖，由此可見澎湖的熱門程度。

除了島嶼之間的跨海航線之外，有接近 1 成的旅客搭乘臺灣本島內部的航線。運量最高的是臺北↔臺東，全年旅客 24 萬人次排在第八名。花蓮來往臺北、臺中、高雄的旅客也有數萬人次之多。至於西部城市之間的定期航班則是在鐵路運輸的競爭下完全停運。

2020 年 COVID-19 疫情對航空運輸的影響相當劇烈。在國內疫情趨向穩定之後，暑假的旅遊熱潮隨之爆發，許多旅客紛紛搭機前往離島享受「偽出國」的假期。澎湖成了這一波風潮的最大受益者，暑假期間搭機出入澎湖的人數超過 85 萬，遠超過前一年同期的 54 萬，每天更有 150 個飛行架次來往澎湖與臺灣。

從以下的統計圖我們可以發現，澎湖航線有明顯的淡旺季差異，夏季載客量是冬季的 2 倍以上。金門航線同樣也是夏季多於冬季，但相較之下載客數量比較穩定。或許這反映了澎湖航線具有更強的季節觀光特性，金門航線則有更多是商務與通勤需求的旅客。

國內航線 各月載客人數

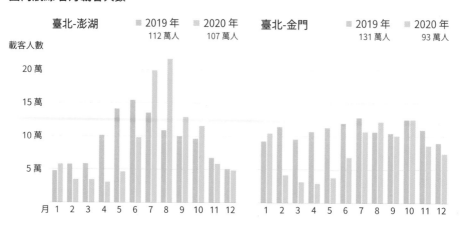

臺北-澎湖　　■ 2019 年　■ 2020 年
　　　　　　　112 萬人　　107 萬人

臺北-金門　　■ 2019 年　■ 2020 年
　　　　　　　131 萬人　　93 萬人

載客人數

20 萬

15 萬

10 萬

5 萬

月 1　2　3　4　5　6　7　8　9　10　11　12

1　2　3　4　5　6　7　8　9　10　11　12

機場

國內航線
粗細 = 載客人數

備註 航線路徑為示意圖
並非實際飛行軌跡

北竿
南竿

⑥

臺北

金門

②

①

⑤

臺中

花蓮

⑩

④

⑧

澎湖

望安

嘉義

七美

⑨

⑦

③

臺南

臺東

綠島

高雄

蘭嶼

2020 年 十大國內航線

	航線	人數	架次
❶	臺北 - 澎湖	107 萬	12879
❷	臺北 - 金門	93 萬	11194
❸	高雄 - 澎湖	77 萬	11540
❹	臺中 - 澎湖	50 萬	7810
❺	臺中 - 金門	32 萬	5625
❻	臺北 - 南竿	31 萬	5126
❼	高雄 - 金門	28 萬	3578
❽	臺北 - 臺東	24 萬	4460
❾	臺南 - 澎湖	14 萬	2505
❿	臺南 - 金門	9 萬	1850

6-2 鐵路
臺北車站沒有第一、二月臺？

　　鐵路建設在臺灣已超過百年歷史，規模仍持續擴展中。

　　「臺灣鐵路」擁有環繞臺灣一周的環島鐵路網與 200 多個車站，2020 年服務旅客多達 2 億人次。提到環島鐵路網，現在說起來似乎稀鬆平常，但其實全線通車至今也不過 30 多年的歷史。蘇澳至花蓮的北迴線、枋寮至臺東的南迴線，分別在 1980 年與 1991 年才完工通車。這兩段路線穿越中央山脈，工程難度艱鉅，全線興建多座橋梁及隧道才得以完成。

　　「高速鐵路」縱貫西部平原，串聯北中南各大都會區，2020 年服務旅客 5000 多萬人次。高鐵的最高營運時速可達 300 公里，臺北至臺中、臺中至高雄的最短交通時間都不到 50 分鐘，是長途交通最快速的選項。2007 年高鐵通車後，國內航空西部航線的競爭力大幅下滑，所有定期航班皆在 2012 年停飛。

　　從地圖上可以看見臺鐵與高鐵的同名車站通常位於不同的地點。兩者距離最遙遠的就屬彰化，臺鐵彰化站位在彰化縣北部的彰化市中心，高鐵彰化站則位於彰化縣南部的田中鎮。高鐵臺南站位於臺南市與高雄市交界，與臺南市區距離 10 公里以上。

　　這樣的差異與建造的時代有關。臺鐵車站多半在日治時期就已啟用，都市發展與鐵路運輸相伴而生，車站附近常常成為市區商圈的中心。然而高鐵在 1992 年才核定路線，此時都市發展已經成熟，為了避免大規模拆遷耗費社會成本，再加上政府期望透過建設帶動鄉村發展，於是高鐵就遠離都市往田裡走去。

　　臺北都會區的 3 座高鐵站「板橋、臺北、南港」是例外情況。高鐵在此處使用了原本屬於臺鐵的地下隧道和車站月臺，使得這 3 站得以進入市中心並與臺鐵共站。而這也是現在臺鐵臺北站只有三、四月臺卻沒有一、二月臺的緣故。當年臺鐵員工曾為了抗議「割地」發動多場抗爭，如今已少有人記得。

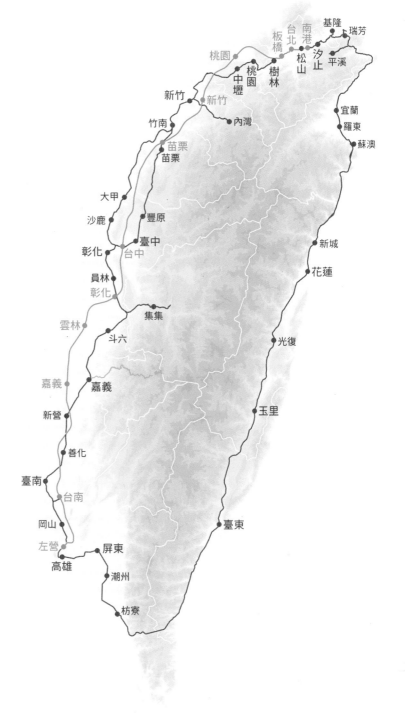

高速鐵路

臺灣鐵路

阿里山林業鐵路

高鐵最快行車時間

	站站停	直達車
南港		
	8	8
台北		
	7	7
板橋		
	11	
桃園		
	10	39
新竹		
	11	
苗栗		
	17	
台中		
	10	
彰化		
	9	
雲林		45
	11	
嘉義		
	16	
台南		
	12	
左營		

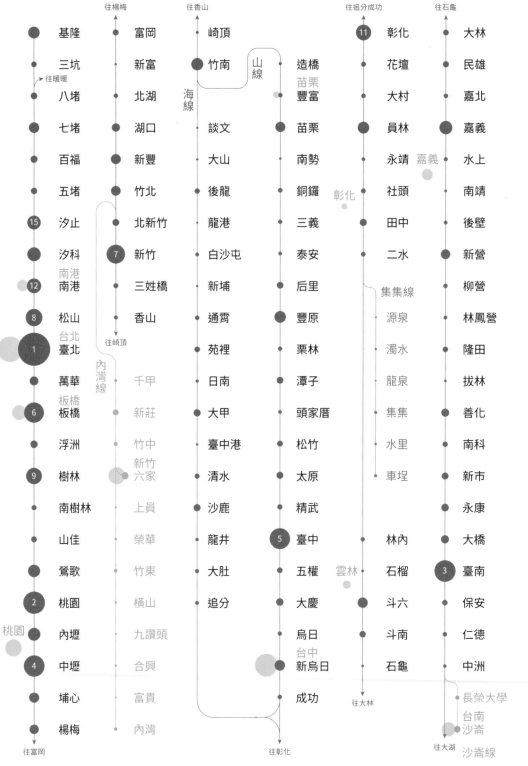

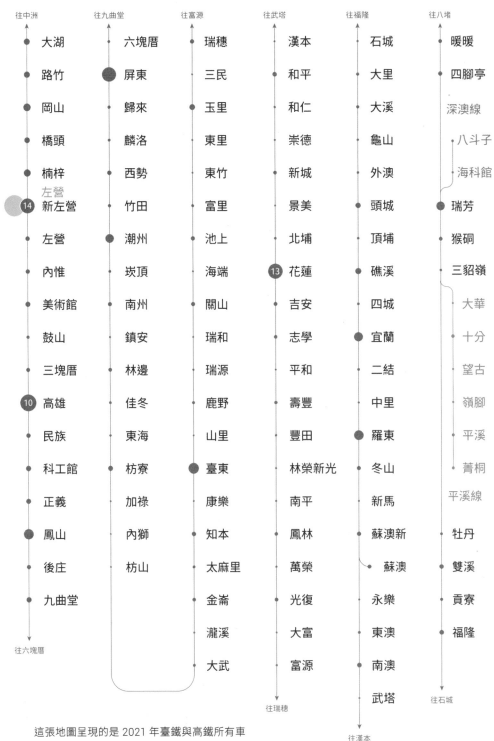

往中洲　　往九曲堂　　往富源　　往武塔　　往福隆　　往八堵

大湖	六塊厝	瑞穗	漢本	石城	暖暖
路竹	屏東	三民	和平	大里	四腳亭
岡山	歸來	玉里	和仁	大溪	深澳線
橋頭	麟洛	東里	崇德	龜山	八斗子
楠梓	西勢	東竹	新城	外澳	海科館
左營 新左營	竹田	富里	景美	頭城	瑞芳
左營	潮州	池上	北埔	頂埔	猴硐
內惟	崁頂	海端	花蓮	礁溪	三貂嶺
美術館	南州	關山	吉安	四城	大華
鼓山	鎮安	瑞和	志學	宜蘭	十分
三塊厝	林邊	瑞源	平和	二結	望古
高雄	佳冬	鹿野	壽豐	中里	嶺腳
民族	東海	山里	豐田	羅東	平溪
科工館	枋寮	臺東	林榮新光	冬山	菁桐
正義	加祿	康樂	南平	新馬	平溪線
鳳山	內獅	知本	鳳林	蘇澳新	牡丹
後庄	枋山	太麻里	萬榮	蘇澳	雙溪
九曲堂		金崙	光復	永樂	貢寮
		瀧溪	大富	東澳	福隆
		大武	富源	南澳	
				武塔	

往六塊厝　　　　　　　　　　往瑞穗　　往漢本　　往石城

　　這張地圖呈現的是 2021 年臺鐵與高鐵所有車站的進出站旅客運量，圓圈越大表示進出旅客數越多，數字則是臺鐵車站的排名。無論在臺鐵或是高鐵，臺北站都是旅客量最大的車站。

6-3 | 臺北捷運
百萬市民的通勤首選

　　臺北捷運已成為臺北人生活不可或缺的交通運具。從 1996 年木柵線通車以來，臺北捷運系統已有 6 條路線與 100 多個車站，每年服務旅客 7 億人次，每日平均高達 200 萬人次，是臺灣使用量最大的公共運輸系統。

　　「臺北車站」不僅是臺北捷運最繁忙的車站，也是各種鐵路運輸系統的最大站，每天有 20 多萬人次進出捷運站，10 萬多人次進出臺鐵站，8 萬多人次進出高鐵站。此站是捷運紅線與藍線的交會站，又兼具多元的轉乘機能，周邊更是百貨商圈的重要據點，運量自然難以取代。

　　「市政府站」每日有 10 多萬人次來往。本站鄰近信義區的辦公與百貨商圈，吸納大量工作及休閒人口。與捷運站共構的「市府轉運站」是臺北來往宜蘭地區的公路客運樞紐，尖峰時刻每 5 分鐘就有一班車開往宜蘭與羅東。龐大的旅運需求是支撐市政府站運量居高不下的原因。

　　「西門站」每日旅運量同樣超過 10 萬人次。西門町是臺北西區的重要商圈，也是國際旅客必訪的觀光景點。相較於信義區的高價精品百貨，西門町提供較多平價的潮流商品。事實上在 COVID-19 疫情之前，西門的旅客量通常都高於市政府，直到 2020 年起才退居至第三名。

　　除了捷運以外，臺鐵同樣也負擔臺北都會區通勤旅客的需求。許多在臺北市區工作就學的人口居住於郊區城鎮，再透過公路、鐵路運輸來往兩地通勤。基隆、汐止、汐科、樹林、鶯歌、桃園、內壢、中壢，這些臺鐵車站每日都有上萬名旅客進出，顯示北北基桃都會區逐漸連成一片的趨勢。

　　未來 10 年，臺北捷運萬大中和線、三鶯線、桃園捷運綠線將陸續通車，環狀線預計也會進行施工。屆時臺北與桃園的捷運系統將會提升為 200 站以上的規模，提供更便捷的運輸服務。

捷運熱門冷門車站

台北車站　246407 人

市政府　124447 人

西門　117951 人
…
十四張　2766 人

註：主圖僅有臺北捷運各站運量
桃園機場捷運並無公布運量資料
鐵路車站另以底下插圖獨立呈現

淡水

北投

石牌

芝山

士林

劍潭

圓山

蘆洲

松山

南港

南港
展覽館

台北
車站

西門

市政府

萬華

台北101

輔大

江子翠

新埔

迴龍

板橋

府中

浮洲

頂溪

公館

樹林

南樹林

頂埔

景安

南勢角

十四張

動物園

新店

臺北都會區附近鐵路車站　●臺鐵　●高鐵

中壢　內壢　桃園　鶯歌　山佳 南樹林 樹林　浮洲　板橋　萬華　台北　松山　南港　汐科　汐止　五堵　百福　七堵　八堵　三坑　基隆

47366　17508　51396　16085　　　26456　47784　27841　104515 80926　28453 22429　17145　19176　18979　　　　　　　　　　　　　13921

6-4 | 臺中捷運
全新通車的捷運系統

臺中捷運在 2021 年正式通車,目前有 1 條路線與 18 座車站,每日運量 3 萬人次左右。臺中捷運與臺鐵的市區路段恰好形成環狀的鐵道系統,將臺中市區圍成一圈。

「高鐵臺中站」是臺中捷運系統進出人次最多的車站。高鐵是臺中市民來往臺灣南北的重要交通工具。然而高鐵站距離市區有一段距離,有些人會透過臺鐵或公車等方式來往市區,如今捷運通車後成為一個新選項。目前約有 1/10 的高鐵旅客會選用捷運作為轉乘工具。

順帶一提,「高鐵臺中站」真是一個充滿妙趣的站名。車站建築高掛「高鐵臺中站」的招牌,但實際上卻是一座捷運站。不知是否會有旅客混淆於這樣的矛盾之中。

「市政府站」是臺中捷運第二熱門的車站,地點位於文心路與臺灣大道交會處,是捷運與公車相互轉乘的重要樞紐。此站鄰近大遠百、新光三越百貨商圈,兼具市民通勤與休閒觀光的功能。

待捷運藍線完工之後,市政府站將成為捷運系統的轉乘站。

臺鐵在臺中地區也扮演相當重要的角色,具有聯絡市區與舊縣區的重要功能。臺中鐵路高架化之後沿線增設數個通勤車站,不少車站的運量更超過捷運。

未來 10 年臺中地區不會有新的捷運路線通車。截至 2022 年 6 月,捷運藍線綜合規劃案尚未通過行政院核定,要在短期內完工通車的可能性微乎其微。

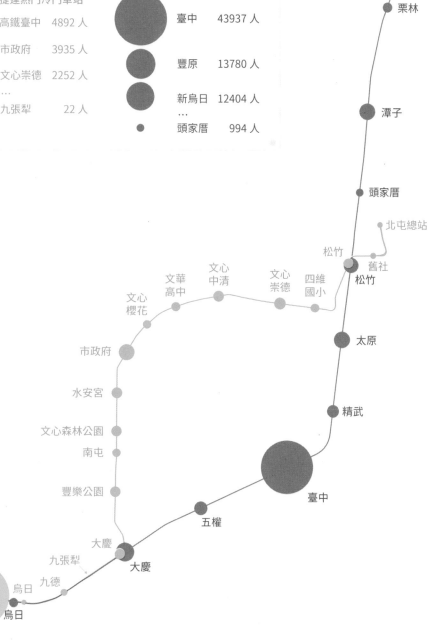

2021 年 12 月
臺中捷運、鐵路車站
平均每日旅客進出量

高鐵車站
台中　　59778 人

臺鐵熱門冷門車站
臺中　　43937 人

捷運熱門冷門車站
高鐵臺中　4892 人
市政府　　3935 人
文心崇德　2252 人
…
九張犁　　　22 人

豐原　　13780 人

新烏日　12404 人
…
頭家厝　　994 人

豐原
栗林
潭子
頭家厝
北屯總站
松竹
舊社
松竹
太原
精武
臺中
五權
大慶
大慶
九張犁
九德
烏日
烏日
高鐵
臺中
新烏日

文華高中
文心櫻花
市政府
水安宮
文心森林公園
南屯
豐樂公園
文心中清
文心崇德
四維國小

6-5 | 高雄捷運
縱橫港都的十字路網

　　高雄是臺灣第二個擁有捷運系統的都會區。自從 2008 年通車以來，捷運已成為高雄市民及外地旅客的重要交通工具。高雄捷運系統目前擁有 2 條路線與 37 座車站，每日服務旅客約 15 萬人次。

　　「左營站」是高雄捷運系統旅客量最多的車站，每日高達 3 萬人次進出。在捷運、臺鐵、高鐵共構的條件之下，左營成為高雄市重要的交通旅運樞紐。

　　事實上，捷運通車初期一直是「高雄車站」穩坐運量冠軍，但後來隨著高鐵運量年年成長，左營在 2014 年正式超越高雄車站。此一排名的變化也反映長途旅客從臺鐵轉向高鐵的趨勢。

　　「巨蛋站」的旅客人數排名第二。此地是北高雄的新興商圈，鄰近漢神巨蛋百貨、瑞豐夜市、裕誠路商圈等，吸引許多至此觀光休閒的市民與外地遊客。

　　從地圖上可以發現，捷運紅線各站的旅運量遠多於橘線。此一現象的原因一來是高雄都會區主要的發展軸線為南北向，二來是橘線各站的站距較短，許多車站之間的距離都小於 1 公里，導致各站平均旅運量較低。

　　臺鐵在高雄的公共交通運輸也扮演重要的角色。鳳山、岡山、楠梓車站的旅運量都不遜於捷運，既有都會區短程通勤的功能，也有長途旅運的作用。2018 年高雄鐵路地下化之後啟用的美術館、民族、科工館、正義等站的運量也都在緩步提升。

　　未來 10 年，高雄捷運紅線將會延伸至岡山，並繼續進行往路竹及大湖的工程，捷運黃線也會進入興建階段。待這些路線完工通車後，高雄捷運系統將有 3 條路線與超過 60 座車站。此外，環繞高雄市區的環狀輕軌預計也將全線通車。

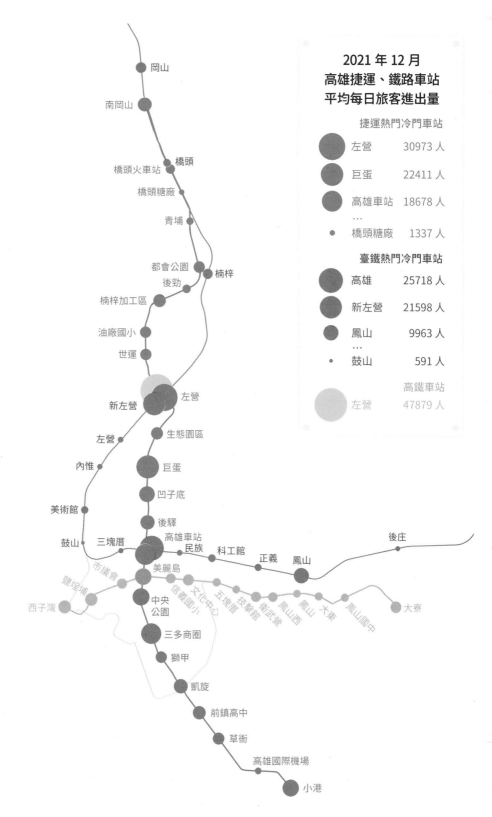

岡山

南岡山

橋頭火車站　橋頭

橋頭糖廠

青埔

都會公園　楠梓
後勁

楠梓加工區

油廠國小

世運

新左營　左營

左營　生態園區

內惟　巨蛋

凹子底

美術館　後驛

鼓山　三塊厝　高雄車站

市議會　民族　科工館　正義　鳳山　後庄

鹽埕埔　美麗島

西子灣　中央　信義國小　文化中心　五塊厝　技擊館　衛武營　鳳山西　鳳山　大東　鳳山國中　大寮
公園

三多商圈

獅甲

凱旋

前鎮高中

草衙

高雄國際機場

小港

2021 年 12 月
高雄捷運、鐵路車站
平均每日旅客進出量

捷運熱門冷門車站

左營　　30973 人

巨蛋　　22411 人

高雄車站　18678 人
…
橋頭糖廠　1337 人

臺鐵熱門冷門車站

高雄　　25718 人

新左營　21598 人

鳳山　　9963 人
…
鼓山　　591 人

高鐵車站

左營　　47879 人

這3張地圖呈現臺北、桃園、臺中、高雄的軌道運輸系統路線位置。3張地圖的比例尺相同，可以直接比較比較彼此的相對距離。我們可以發現高雄運捷捷運紅線全線完工後真的非常長。

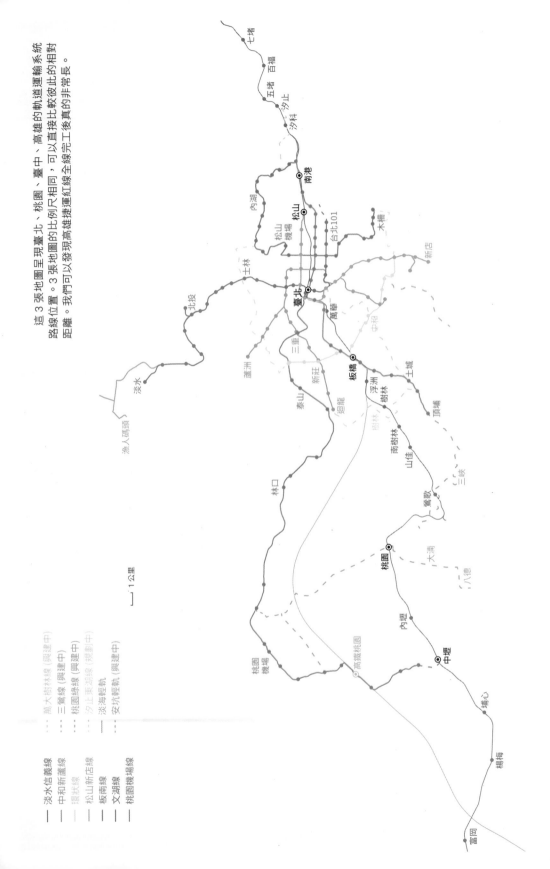

七堵
百福
五堵
汐止
汐科
南港
松山
內湖
松山機場
台北101
木柵
士林
北投
新店
臺北
萬華
中和
板橋
浮洲
土城
淡水
樹林
漁人碼頭
三重
蘆洲
新莊
泰山
迴龍
鶯歌
頂埔
三峽
林口
南樹林
山佳
大湳
八德
桃園機場
高鐵桃園
內壢
桃園
中壢
埔心
楊梅
富岡

└─┘ 1公里

淡水信義線
中和新蘆線 ------ 萬大樹林線 (興建中)
環狀線 ------ 三鶯線 (興建中)
松山新店線 ------ 桃園綠線 (興建中)
板南線 ------ 汐止東湖線 (規劃中)
文湖線 ──── 淡海輕軌
桃園機場線 ------ 安坑輕軌 (興建中)

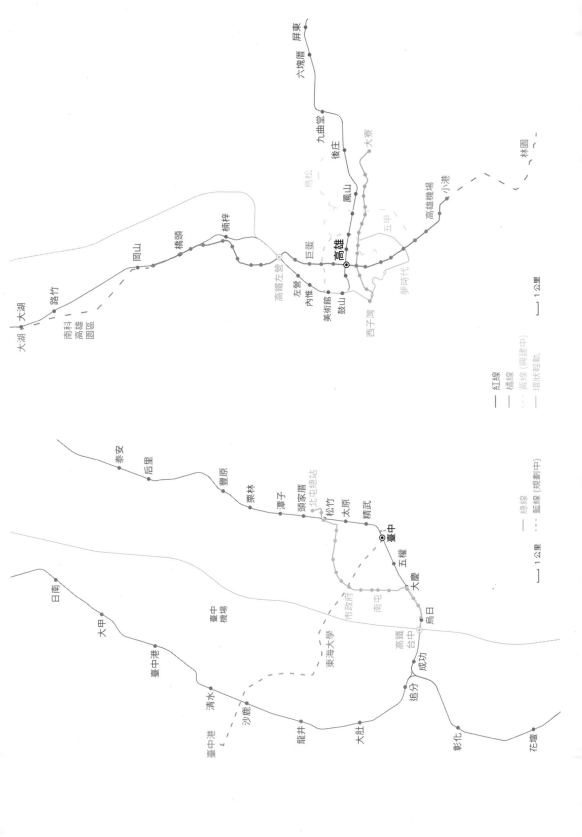

高雄

大湖
大湖
路竹
南科
高雄
園區
岡山
橋頭
楠梓
高鐵左營
左營
內惟
美術館
鼓山
西子灣
巨蛋
高雄
鳳山
烏松
郵時代
五甲
高雄機場
小港
後庄
九曲堂
大寮
六塊厝
屏東
林園

臺中

泰安
后里
豐原
栗林
潭子
頭家厝
北屯總站
松竹
太原
精武
臺中
五權
大慶
烏日
高鐵
台中
成功
追分
彰化
花壇
大肚
龍井
沙鹿
清水
臺中港
東海大學
市政府
南屯
臺中
機場
大甲
日南

紅線
橘線
黃線 (興建中)
環狀輕軌

綠線
藍線 (規劃中)

1公里
1公里

公共自行車
公共運輸的最後一哩路

感應卡片、輕鬆借車，YouBike 已經成為許多都市人交通接駁或休閒運動的交通工具。在茶餘飯後的話題之中，「有沒有 YouBike」甚至偶爾會被戲稱為先進城市的指標。

2009 年第一代 YouBike 系統在臺北市信義區登場，這是臺北市政府與生產捷安特自行車的巨大機械合作推出。由於初始試辦的站點數量少，民眾也尚未習慣新型態的交通方式，因此整體使用率極低，直到 2012 年各地增設站點之後才開始竄紅。

眼見 YouBike 在臺北市的成功經驗，各縣市政府也陸續引進公共自行車系統。為了避免圖利特定廠商，政府無法直接指定導入 YouBike，因此各地的系統不盡相同。例如，臺南市政府交通局選擇自行建置 T-Bike 系統；彰化縣原本使用 YouBike，2021 年起改由運點科技營運無車樁的 Moovo 系統。

從站點地圖上可以發現 YouBike 2.0 站點相當密集且廣泛，尤其在臺北、新北、臺中、高雄更是遍布整個平地區域。相對而言，臺南市各站點的距離較為遙遠，苗栗、彰化、屏東則是只有在人口密度較高的城鎮啟用。

縣市界在此也成為自行車系統的明確邊界，位於臺南市與高雄市交界的市民無法騎車互通，嘉義市民也無法將自行車騎至嘉義縣還車。這些案例都顯示區域整合的重要性。

2022 年 3 月 各縣市公共自行車租借人次

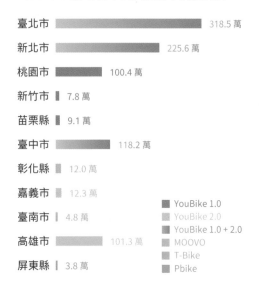

縣市	人次
臺北市	318.5 萬
新北市	225.6 萬
桃園市	100.4 萬
新竹市	7.8 萬
苗栗縣	9.1 萬
臺中市	118.2 萬
彰化縣	12.0 萬
嘉義市	12.3 萬
臺南市	4.8 萬
高雄市	101.3 萬
屏東縣	3.8 萬

- YouBike 1.0
- YouBike 2.0
- YouBike 1.0 + 2.0
- MOOVO
- T-Bike
- Pbike

2021 年 各縣市公共自行車站點位置

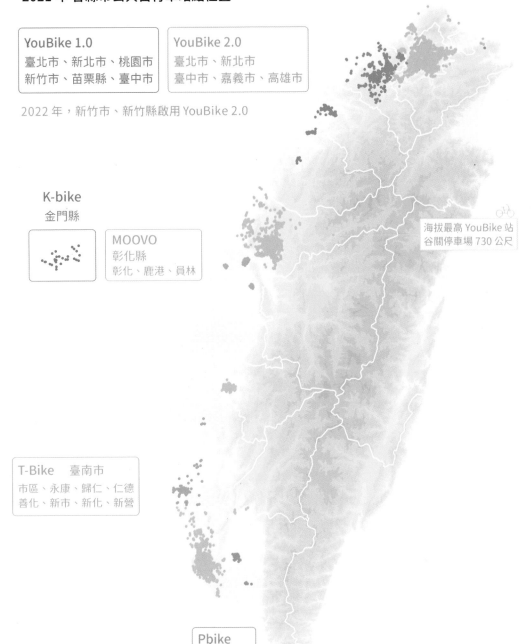

YouBike 1.0
臺北市、新北市、桃園市
新竹市、苗栗縣、臺中市

YouBike 2.0
臺北市、新北市
臺中市、嘉義市、高雄市

2022 年，新竹市、新竹縣啟用 YouBike 2.0

K-bike
金門縣

MOOVO
彰化縣
彰化、鹿港、員林

海拔最高 YouBike 站
谷關停車場 730 公尺

T-Bike　臺南市
市區、永康、歸仁、仁德
善化、新市、新化、新營

Pbike
屏東縣
屏東、潮州

6-7 ┃ 國道
高速奔馳的公路運輸

　　高速公路是臺灣西部各地南來北往的重要交通要道。自從 1978 年國道一號通車以來，臺灣總計有 8 條高速公路完成興建，延伸與新建的工程計畫也在持續進行中。

　　國道一號與國道三號的長度都超過 300 公里，串聯臺灣西部各地。國道一號從 1971 年開始動工，線型較為筆直，路線位置鄰近各大主要城鎮。從圖表可以發現交通量最大的出口主要都位於國道一號，顯示其交通連結的重要性。

　　國道三號則是在 1987 年動工，沿途區域多為新興市鎮。在都市擴張之後平地都會區幾乎已沒有足夠空地興建高速公路，在臺北地區更是如此，因此國道三號多半都依著丘陵或鑿山而建，成為隧道數量最多的高速公路。

　　國道五號是唯一一條通往東部的高速公路，通車之後大幅縮短臺北與宜蘭之間的交通時間。其最關鍵也最艱鉅的工程是長 12.9 公里的雪山隧道，在 2006 年完工通車時更名列亞洲最長的隧道。

　　國道六號是路線最長的橫向高速公路，連接霧峰至埔里。此條高速公路原計畫繼續向東穿越中央山脈抵達花蓮，並在途中建造 15.1 公里長的能高隧道。然而此地地質結構複雜，在工程技術和環境生態的考量下已停止興建計畫。

交通量前十大國道出口

平日-週二至週四		假日-週六		假日-週日	
❶ 林口	①	❶ 林口	①	❶ 高雄	①
❷ 圓山	①	❷ 圓山	①	❷ 林口	①
❸ 桃園	①	❸ 高雄	①	❸ 圓山	①
❹ 新竹	①	❹ 桃園	①	❹ 桃園	①
❺ 高雄	①	❺ 中和	③	❺ 中和	③
❻ 南桃園	②	❻ 新竹	①	❻ 新竹	①
❼ 中和	③	❼ 南桃園	②	❼ 霧峰	⑥
❽ 土城	③	❽ 土城	③	❽ 土城	③
❾ 大湳	②	❾ 台北	①	❾ 台北	①
❿ 台北	①	❿ 霧峰	⑥	❿ 木柵	③

6-8 | 酒駕
喝酒不開車、開車不喝酒

近幾年酒駕交通事故經常成為社會新聞的焦點，政府為了抑制酒駕也數度修法提高刑責與行政處罰。然而，酒駕事故依舊層出不窮，究竟長年以來「喝酒不開車」的呼籲有沒有效？

根據交通部警政署的統計資料，近10年來的酒駕事故案件數、受傷人數、死亡人數全都呈現下降趨勢，酒駕情形確實正在改善。只不過每次交通事故都會常駐新聞版面多日，使得我們容易以為酒駕事件越來越頻繁。

從空間的角度來看，六都的酒駕傷亡率普遍低於其他縣市，尤其是臺北市每10萬人口之中僅有3人因酒駕事故受傷或死亡。相對而言，南投縣、臺東縣、屏東縣則高於每10萬人口60人。

這其中的關鍵原因可能在於大眾運輸系統。都市居民飲酒之後可以使用計程車、公車、捷運等替代方式返家，鄉村地區卻缺乏公共運輸服務，僅能仰賴自行駕車。這項因素可以解釋酒駕的空間差異，卻不能用來合理化酒駕行為。

分析事故原因的目的是對症下藥解決問題。政府所做的除了提高刑罰，更要提出相關的配套政策，像是酒後代駕的推廣辦法、提高公共運輸的可及性、施加乘客與餐廳防制酒駕的權利義務等。杜絕社會悲劇事件，事前預防更勝於事後審判追討。

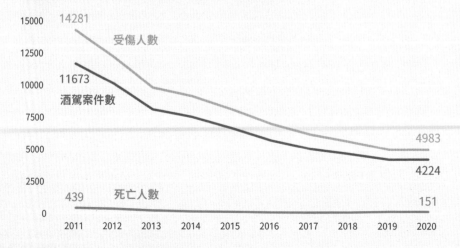

#趨勢 近10年酒駕事故案件數量與死傷人數

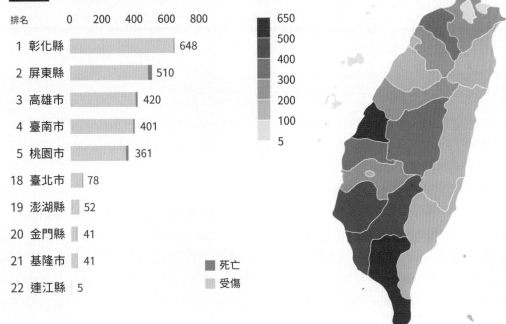

排名　0　200　400　600　800

650
500
400
300
200
100
5

排名		數值
1	彰化縣	648
2	屏東縣	510
3	高雄市	420
4	臺南市	401
5	桃園市	361
18	臺北市	78
19	澎湖縣	52
20	金門縣	41
21	基隆市	41
22	連江縣	5

■ 死亡
■ 受傷

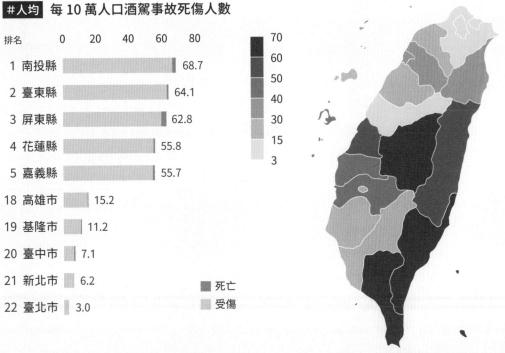

#人均 每 10 萬人口酒駕事故死傷人數

排名　0　20　40　60　80

70
60
50
40
30
15
3

排名		數值
1	南投縣	68.7
2	臺東縣	64.1
3	屏東縣	62.8
4	花蓮縣	55.8
5	嘉義縣	55.7
18	高雄市	15.2
19	基隆市	11.2
20	臺中市	7.1
21	新北市	6.2
22	臺北市	3.0

■ 死亡
■ 受傷

chapter

07

教育

臺灣有 2600 多間國小,其中有不少學校的名稱
相同,成為撞名學校。中正國小有 18 間,遍布
全國各地,高雄市苓雅區和鳳山區各有一間,臺
中市西區和梧棲區也各有一間。此一情況使得這
些學校經常被外人混淆,偶爾會有外校訪客跑錯
場的情形發生。

中正國小 18
■ ■ ■ ■ ■ ■ ■ ■ ■ ■ ■ ■ ■ ■ ■ ■ ■ ■

中山國小 16
■ ■ ■ ■ ■ ■ ■ ■ ■ ■ ■ ■ ■ ■ ■ ■

成功國小 16
■ ■ ■ ■ ■ ■ ■ ■ ■ ■ ■ ■ ■ ■ ■ ■

大同國小 15
■ ■ ■ ■ ■ ■ ■ ■ ■ ■ ■ ■ ■ ■ ■

新興國小 14
■ ■ ■ ■ ■ ■ ■ ■ ■ ■ ■ ■ ■ ■

信義國小 14
■ ■ ■ ■ ■ ■ ■ ■ ■ ■ ■ ■ ■ ■

復興國小 13
■ ■ ■ ■ ■ ■ ■ ■ ■ ■ ■ ■ ■

仁愛國小 12
■ ■ ■ ■ ■ ■ ■ ■ ■ ■ ■ ■

忠孝國小 11
■ ■ ■ ■ ■ ■ ■ ■ ■ ■ ■

太平國小 10
■ ■ ■ ■ ■ ■ ■ ■ ■ ■

和平國小 10
■ ■ ■ ■ ■ ■ ■ ■ ■ ■

東興國小 9
■ ■ ■ ■ ■ ■ ■ ■ ■

光復國小 9
■ ■ ■ ■ ■ ■ ■ ■ ■

中興國小 9
■ ■ ■ ■ ■ ■ ■ ■ ■

三民國小 8
■ ■ ■ ■ ■ ■ ■ ■

東光國小 8
■ ■ ■ ■ ■ ■ ■ ■

文昌國小 8
■ ■ ■ ■ ■ ■ ■ ■

中和國小 8
■ ■ ■ ■ ■ ■ ■ ■

永安國小 8
■ ■ ■ ■ ■ ■ ■ ■

大湖國小 8
■ ■ ■ ■ ■ ■ ■ ■

育英國小 7
■ ■ ■ ■ ■ ■ ■

龍山國小 7
■ ■ ■ ■ ■ ■ ■

文山國小 7
■ ■ ■ ■ ■ ■ ■

光華國小 7
■ ■ ■ ■ ■ ■ ■

新生國小 7
■ ■ ■ ■ ■ ■ ■

三和國小 7
■ ■ ■ ■ ■ ■ ■

博愛國小 6
■ ■ ■ ■ ■ ■

建國國小 6
■ ■ ■ ■ ■ ■

廣興國小 6
■ ■ ■ ■ ■ ■

大成國小 6
■ ■ ■ ■ ■ ■

長安國小 6
■ ■ ■ ■ ■ ■

7-1 | 學校
全臺國小到大學的地圖全覽

接受教育是人民的基本權利,教育也是國家提升國民知識與人力素質的重要關鍵。為了讓基礎教育普及化,從日治時期起政府就在各地設置多所小學。1968 年九年國民義務教育實施之後,政府再廣泛設置國民中學,延長國民基礎教育的時間與資源。

本書把 2000 多間國小、900 多間國中、500 多間高中職、100 多間大專院校的分布地點繪製成 4 張地圖,讓讀者觀察這些學校各自的分布特色。此外,本書還特別加上各級學校的「極點」,也就是分布在臺灣最北、最南、最東、最西、海拔最高、人數最多的學校,而且方位的部分特別區分全國極點和臺灣島極點兩種情況。

● 東引國中小　　富貴角燈塔　石門國小

福連國小
三貂角燈塔

●
上岐國小

鯤鯓國小 ●
國聖港燈塔 ●

● 極點國小
● 極點燈塔

水泉國小 ● ● 鵝鑾鼻燈塔

將來環島旅行時，除了可以到 4 個極點燈塔拍照，不妨考慮蒐集學校極點，這應該是另一種趣味吧！

從地圖上我們可以清楚發現國小與國中的學校密度相當高，幾乎遍布各地的都市與村落。目前臺灣每個鄉鎮市區都有至少一所小學，唯獨烏坵鄉例外。

烏坵坐落於臺灣海峽上，是由大坵島和小坵島組成，距離臺灣島 130 公里。此處是嚴格的軍事管制區域，現在設籍人口僅約 600 人，常住居民更不到 100 人，因此烏坵國小早就因為生源不足而停辦。

以往臺灣幾乎是有人居住的島嶼就設有小學，但在人口外移和出生人數減少的趨勢之下陸續裁併。像是澎湖的大倉嶼、東吉嶼、東嶼坪嶼、桶盤嶼、員貝嶼等地都曾有小學，但如今島上的學生只能前往鄰近的島嶼就學（可參考 1-1 島嶼地圖）。

國中的分布情形也有類似的情況。澎湖的花嶼、虎井嶼、馬祖的東莒島，都僅有國小而沒有國中，學生國小畢業後便得踏上離鄉求學之路。不過在教育普及的政策之下，目前幾乎各個鄉鎮市區都設有至少一所國中，盡可能確保各地學生的受教權益。

高中職的分布特色與國中小有明顯的差異。國中小的目標是提供國民基礎教育，因此地點以普遍為原則，學校規模因地而異。高中職則是要培育專業人才，學校數量較少而規模較大。

有些區域的高中職會集中設置在都市中心，藉此吸納附近區域有升學需求的學生。例如，苗栗縣苗栗市同時設有苗栗高中、苗栗高商、苗栗農工，但方圓 10 公里的周圍鄉鎮都沒有其他公立高中職。花蓮縣與臺東縣的高中職學校也大都設置在都市地區。

大專院校的數量最少，分布地點主要集中在臺北、桃園、臺中、臺南、高雄都會區。政府為了均衡區域發展，目前盡力維持每個縣市至少一所大學的政策。2019 年起臺灣海洋大學馬祖校區啟用，每年有 3 個科系的學生會在此上課，象徵性地完成各縣市皆有大學校園的拼圖。

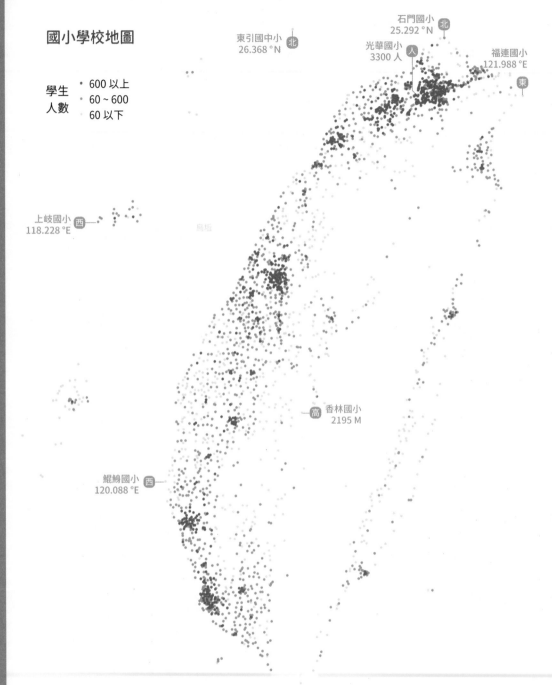

國小學校地圖

學生
人數
· 600 以上
· 60 ~ 600
60 以下

東引國中小
26.368 °N　北

石門國小
25.292 °N　北

光華國小
3300 人　人

福連國小
121.988 °E　東

上岐國小
118.228 °E　西

烏坵

香林國小
2195 M　高

鯤鯓國小
120.088 °E　西

水泉國小
21.940 °N　南

國中學校地圖

學生
人數
- 900 以上
- 300 ~ 900
- 300 以下

東引國中小
26.368 °N 北

石門國中
25.291 °N 北

貢寮國中
121.907 °E 東

烈嶼國中 西
118.242 °E

烏坵

明道中學國中部 人
2900 人

梨山國中小 高
2012 M

北門國中 西
120.129 °E

恆春國中 南
22.002 °N

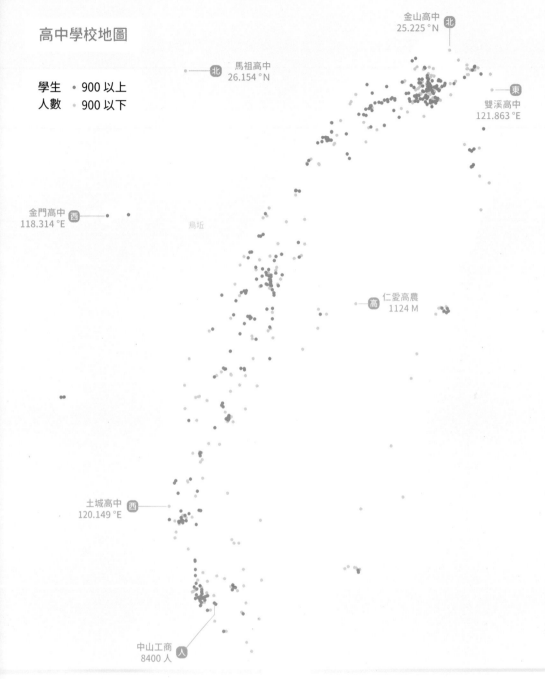

高中學校地圖

學生 • 900 以上
人數 • 900 以下

金山高中
25.225 °N　北

馬祖高中
北　26.154 °N

東
雙溪高中
121.863 °E

金門高中　西
118.314 °E

烏坵

仁愛高農
高　1124 M

土城高中　西
120.149 °E

中山工商
8400 人　人

恆春工商　南
21.994 °N

150

大學學校地圖

大專
院校
類型

- 一般
- 師範
- 技職
- 軍警

臺灣海洋大學
馬祖校區
26.216°N

馬偕醫學院
25.253°N
北

臺灣海洋大學
121.773°E
東

臺灣大學
32000 人
人

東

蘭陽技術學院
121.817°E
（2022 年起停辦）

金門大學
118.322°E
西

烏坵

暨南大學
564 M
高

中信金融學院
120.162°E
西

慈惠醫專
22.486°N
南

7-2 | 撞名學校
「中正」「中山」校友請舉手

　　經過「1-6 村里地名 1」的介紹，可以發現臺灣有許多村里名稱具有威權或思想訓示的性質。此一現象同樣發生在學校名稱上。目前臺灣各地有中正國小 18 間、中山國小與成功國小各 16 間、中正國中 6 間、中山國中 6 間。中正與中山真的是名滿天下。

　　從這些撞名學校的分布地圖我們可以觀察到一些有趣的現象。高雄市擁有難得一見的「中山大四喜」，中山國小、中山國中、中山高中、中山工商、中山大學通通包辦。如果你一路順著讀完畢業，真的可以說自己是從一而終、不離不棄的中山校友。

　　臺南市是臺灣少數沒有任何中正學校的縣市，反倒是以「成功」為名的學校特別多，包含兩間國小、一間國中、一間大學。成功之名不只具有成就功業的意涵，同時也是鄭成功之名。臺南的校名特色或許與鄭成功從臺南登陸統治臺灣的歷史背景有潛在連結。

　　臺北市是集滿兩組「大三元」的縣市，擁有中正高中、國中、國小，中山高中、國中、國小，總共 7 間學校（中山國小 2 間）。回到過去威權統治時期的歷史脈絡來看，臺北市具有政治中樞的地位，無論是道路、村里、學校名稱都富有政治涵義，這樣的結果不令人意外。

　　數十年來臺灣人似乎已習慣處處是中正、中山的情況。基於情感記憶與經濟成本的考量，多數民眾對改名措施也興致缺缺。在民主化的今天，利用官方名稱歌功頌德的政治意義日漸消失。也許多年後的年輕學子甚至已不知道中正與中山的名稱由來。

中
小 ——— 中正國中小
　　計為國小1校
　　不重複計國中1校

小

中小

小

小

小

小

小

中山醫學大學 ——— 中小大中

小

高
小

小
小
小

小中

中正大學 ——— 大

小

小

小

成功大學 ——— 小中
小

高
中山大學 ——— 大小小醫高中

高
小中

高

小
小

小

7-3 | 體育班
運動專才的培育基地

　　許多學校都設有體育班。就算你沒讀過體育班，可能也認識一些體育班畢業的同學吧？

　　攤開數據來看，臺灣體育班的人數結構相當特別。國中的人數有 20000 多人，高中減半為 10000 多人，國小只有 7000 多人。

　　此一情形表示國小畢業生有很大的機會可以進入國中體育班就讀，但半數以上的國中體育班學生畢業後無法進入高中體育班。這樣的設計或許有助於提升體育人才的競爭力，但體育班學生在學科考試的訓練時間較少，使得他們在一般升學管道較為弱勢。

　　設有體育班的學校分布地圖具有明顯的空間特色。臺北與高雄設置國小體育班的學校數量相當多。國中體育班則是遍布於全國各地。高中體育班可說是介於兩者之間，整體分布較為均勻。

　　現在有不少縣市政府大力投入資源培育體育人才，各間學校也發展出各自的專長特色。臺中市東山高中及桃園市平鎮高中更在一個年級設兩班體育班，廣招各地好手及各種專長的學生加入培訓。在此一趨勢之下，有越來越多學生為了進入合適的學校而離鄉求學。

　　不過，並不是只有設置體育班才能從事體育專長訓練。以籃球隊聞名的南山高中、光復高中，以棒球隊聞名的南英工商、普門高中都沒有設置體育班，但這些學校仍舊透過完善的訓練創造優異表現。

　　隨著中華職棒開放高中畢業生參加選秀會進入職棒體系，多所棒球名校因此受到更多關注。尤其是連續 4 屆獲得高中棒球聯賽木棒組冠軍的平鎮高中，近年來陸續有多名畢業生加入職棒隊伍，實戰表現也大放異彩，人稱平鎮幫。在職業運動日益蓬勃發展之下，校園體育訓練的發展動向值得期待。

各級學校體育班人數

	男	女	
高中	7454	2721	10175
國中	15547	6538	22085
國小	4813	2902	7715

各級學校體育班性別比例

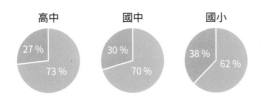

高中　　　　國中　　　　國小

高中　27%　73%

國中　30%　70%

國小　38%　62%

高中體育班
149 校

平鎮

東山

國中體育班
383 校

國小體育班
203 校

7-4 高教程度
碩士博士滿街跑

臺北市是臺灣平均學歷最高的縣市。若以 15 歲以上人口為計算基準，大安區將近 20% 的人擁有碩士以上的學歷，幾乎是每 5 個成人就有 1 個從研究所畢業。

臺北市民學歷高的原因包含許多層面。其中之一是臺北市境內大專院校數量多達 27 間，還有許多國家級研究機構，豐富的學術資源吸納大量高學歷的教授與研究員在此居住。另一方面，臺北市商業為主的產業屬性需要較高學歷的人才，因此也容易聚集符合條件的勞動人口。

新竹市東區與新竹縣竹北市分居學歷排行榜第二、三名，碩士以上的比例都在 19% 以上。東區是清華大學與陽明交通大學的校園所在地，同時也有新竹科學園區，自然吸引許多高學歷人口就近居住工作。新竹縣寶山鄉及竹東鎮也都隨著新竹都市擴張及人口成長而有高學歷的特色。

臺中市西區、西屯區、南屯區的碩博士比例都高於 11%，區域內包含老字號的東海大學、逢甲大學。西屯與南屯區也是近年土地開發的七期重劃區所在地，如今已成為臺中市高級商業區和高級住宅區的聚集地。

位於臺南市地理中心的善化區學歷表現特別搶眼，碩博士學歷高於 10%。此一原因與南部科學園區在此設廠有關，許多就業人口就近居住於鄰近的善化與新市。

臺南市區與高雄市區也都是高學歷人口聚集的地區，其中臺南市東區 13.5% 的碩博士學歷比例排在全國第八名，區內有成功大學，被視為臺南的文教區。高雄市區同樣也擁有豐富的大專院校資源，包含中山大學、高雄科技大學、高雄師範大學等都在此設校。

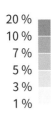

碩博士學歷占
15 歲以上人口比例

20 %
10 %
7 %
5 %
3 %
1 %

碩博士學歷比例最高

1 臺北市大安區　19.95 %
2 新竹市東區　　19.69 %
3 新竹縣竹北市　19.12 %
4 臺北市中正區　18.29 %
5 臺北市松山區　16.07 %

7-5 國際學生
來自世界各地的留學生

在臺灣大專院校就學的國際學生主要來自哪裡？

長年以來，馬來西亞一直是國際學生的最大來源國，直到 2020 年才被越南超過。馬來西亞 1/4 的人口是華人，但當地由於複雜的政治經濟與歷史背景，大學招生制度對華人學生較為不利，臺灣在經濟進步和語言相通等優勢之下，成為許多華人學生的留學選擇。

不過，馬來西亞學生數量在 2017 年抵達高峰之後就開始下降。原因其一是近年馬來西亞政府鼓勵學生留在國內升學，整體的留學人數呈現下降趨勢。其二是中國在高等教育投入大量資源，同時也積極招收馬來西亞學生。在中國的政治經濟影響力不斷擴大之下，中國成為越來越多學生的優先選項。

越南與印尼的學生人數於最近 5 年大幅上升。在新南向政策的推動下，各大專院校積極前往東南亞招生，人口近億的越南順勢成為重要的國際學生來源國。許多越南學生期待能在臺灣習得華語能力，畢業後回到越南的企業就職。

不少臺灣學校也樂見國際學生增加，藉此補足本地學生日漸減少的缺口。

2020 年香港來臺的學生人數出現一波反彈，原因自然與前一年的反送中運動有關。許多參與抗爭的學生離開香港，而臺灣政府也開設專案歡迎這些學生到來。

澳門的學生人數則是不斷下降，可以歸因於最近幾年澳門學生保送中國境內大學的名額提高不少，臺灣的吸引力也不若以往。但若以澳門 65 萬人口來看，澳門學生來臺留學的比例仍相當高。

從右圖的數據可以得知，在臺就學的大專院校國際學生人數多達數萬名，但高中端似乎不太會接收到這樣的資訊。2017 年臺灣大學地理系大一入學的 40 名學生之中，有 2 名馬來西亞人、2 名澳門人、1 名印尼人、1 名韓國人、1 名日本人，顯示學生來源的多樣化。

2020 年大專院校國際學生主要來源地

僅計入修讀學位之學生，不含短期交換學生

★	越南	11920 人
☲	馬來西亞	11601 人
▲	印尼	8763 人
❀	香港	7810 人
☆	中國	6032 人
❁	澳門	3158 人
•	日本	2147 人
☰	印度	1373 人
☲	泰國	1197 人
☽	菲律賓	992 人
░	韓國	842 人
★	緬甸	814 人
●	蒙古	645 人
☰	美國	549 人
☻	史瓦帝尼	324 人

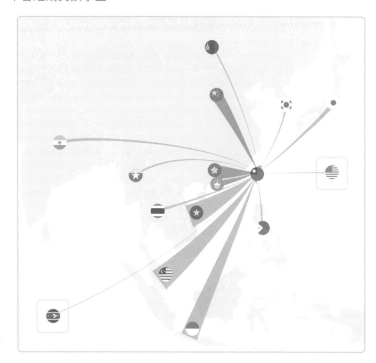

歷年大專院校國際學生主要來源地

僅計入修讀學位之學生，不含短期交換學生

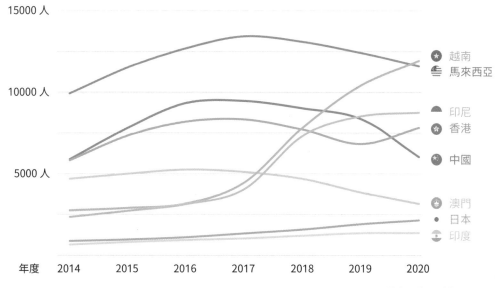

7-6

補習班
放學之後繼續上學

放學後到補習班上課是許多臺灣學生的固定行程。離開學校之後擠上公車捷運火車，與穿著各校制服的各地學生一同前往站前補習街。先是外帶一杯心愛的手搖飲，排隊搭電梯抵達高樓層的補習班，最後擠在百人大教室的小小座位裡，拿出講義跟著老師猛抄猛寫。

為了方便各地學生抵達，許多補習班都會設址在車站附近，形成補習班大量聚集的補習街。臺北市中正區許昌街與南陽街是最具代表性的案例，有數十間補習班在此設址，每日吸引數千名學生。2012 年更有一部以南陽街補習文化為題材的愛情電影《南方小羊牧場》，拍出許多學生的回憶。

臺灣人有多愛補習？全國補習班的數量超過 17000 間，超商則是 12000 間，由此可見補習班的普及程度更勝於超商。

補習班數量最多的縣市是臺中市，此一現象與臺中盛行的私校風氣有關。許多家長認為私立學校的辦學品質較佳，期望從國中開始就把小孩送進私校就讀。在學生數量眾多但招生名額有限的情況下，有些名校因而開始舉辦考試來選拔學生。

有考試的地方就有補習班。由於這些私校的入學考題目多半為國中一年級程度，許多補習班因此紛紛開設「私中專班」，為國小學生做升學先修補習。家長們也提早將小學五年級的孩子送進補習班，藉此「贏在起跑點、提高競爭力」。

私中補習班的現象反映當前讀書至上的社會風氣，也顯露部分民眾對於公辦教育的不信任感。有些教育團體主張政府應該禁止私校辦理入學考試，減少國小學生壓力；但有些團體認為這屬於學校的辦學自由，政府不應干涉。

不過，2022 年起有多所私校已自主串聯取消紙筆考試，改以國小成績、競賽表現、服務學習經驗、口試等方案甄選學生。想當然爾，補習班也勢必將推出不同的課程來因應家長的需求。

只要升學至上的社會價值持續存在，補習必定是相伴而生的產業。臺灣的孩子們辛苦了。

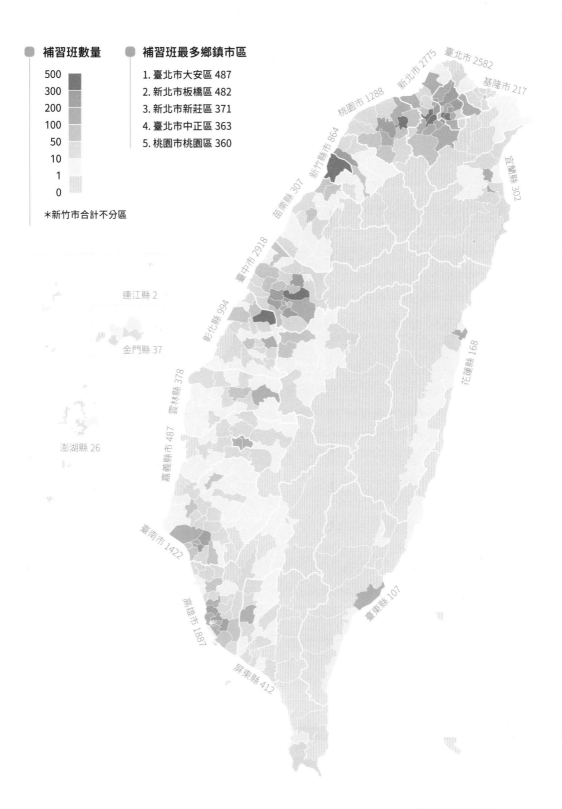

補習班數量

500
300
200
100
50
10
1
0

補習班最多鄉鎮市區

1. 臺北市大安區 487
2. 新北市板橋區 482
3. 新北市新莊區 371
4. 臺北市中正區 363
5. 桃園市桃園區 360

＊新竹市合計不分區

連江縣 2

金門縣 37

澎湖縣 26

臺北市 2582
新北市 2775
桃園市 1288
基隆市 217
宜蘭縣 302
新竹縣市 864
苗栗縣 307
臺中市 2918
彰化縣 994
雲林縣 378
嘉義縣市 487
花蓮縣 168
臺南市 1422
高雄市 1887
屏東縣 412
臺東縣 107

7-7 圖書館
地方鄉鎮的知識之窗

　　圖書館有如一座知識寶庫，是提供民眾閱讀各式各樣書籍的空間。它更是一個弭平經濟落差、讓知識公平傳播的載體，減少讀者購書的經濟壓力，得以免費接觸多元的資訊。在疫情期間，圖書館的公共電腦設備更成為許多學生線上學習的工具。

　　公共圖書館的分布情況如何？從地圖上可以發現臺北市與新北市的圖書館數量相當密集，有些地區步行 10 分鐘的範圍之內就有 2 間以上圖書館。新北市新店區更有 14 間圖書館，數量居全國之冠。

　　臺灣幾乎每個鄉鎮市區都有一座公共圖書館，就連外島地區也不例外。此一成果可以追溯到 1980 年代臺灣省政府訂定「鄉鄉有圖書館」的目標，期望藉此充實各地文化教育資源。儘管圖書館相當普及，不過我們也不能忽視各地的設備與藏書有極大落差，有賴資源調度來加以弭平。

　　近年來，各地政府基於不同的動機（不管是提升閱讀風氣、促進觀光效益還是強化選舉記憶）開始不惜重本委託專業建築團隊打造「最美圖書館」。

　　桃園市龍岡圖書館以開啟的書本為外觀，內部用木造裝潢打造溫暖舒適的閱讀環境；位於臺中市的國立公共資訊圖書館，其白色流線型的外觀搭配綠地與綠屋頂，給人輕鬆悠閒的感受；高雄市總圖書館以玻璃帷幕建成，建築中央更有天井樹木庭院。

　　設計不凡的圖書館還包含興建中的桃園市總圖書館、國家圖書館南部分館等，未來啟用後勢必會引發一波話題。如今圖書館已不只是藏書與讀書的地方，更是學習、交流、休閒放鬆的去處，每一間新的圖書館都在突破我們對於既有空間的想像。

臺北市 北投圖書館 ————

桃園市 龍岡圖書館 ————

公共資訊圖書館 ————

臺南市 總圖書館 ————
臺南市 鹽埕圖書館 ————

大東藝術圖書館 ————
高雄市 總圖書館 ————

屏東縣 總圖書館 ————

08

健康與運動

COVID-19 疫情一年比一年更嚴重。如果用高度來比擬確診人數，2022 年 5 月的確診人數等同於 509 公尺高的臺北 101 大樓，2021 年 5 月是身高 189 公分的高個兒，2020 年 5 月只是 1 個 5 元加 1 個 10 元硬幣的厚度。祈願疫情持續降溫，人人平安健康。

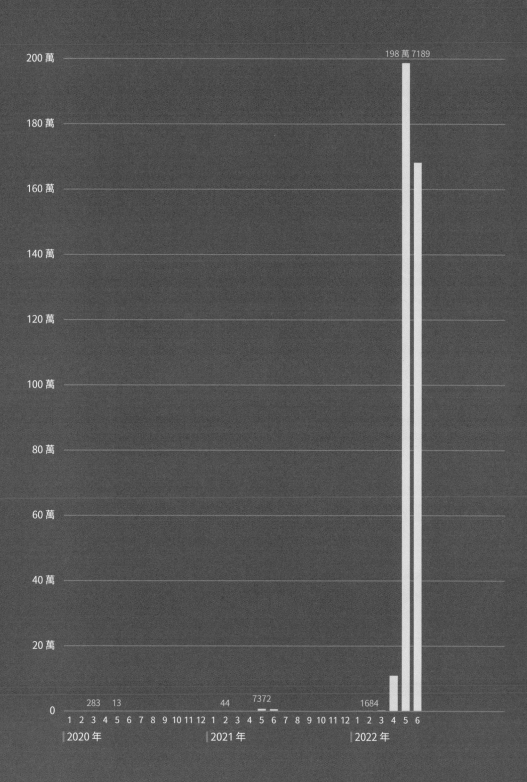

各月 COVID-19 確診案例

8-1 | COVID-19
全球疫情下的臺灣

COVID-19 疫情改變了整個世界。我們出門戴口罩、量體溫、記錄足跡，依照年齡順序施打疫苗，先有第一劑、等待第二劑、再打追加劑。病毒一波一波到來，武漢病毒株、Alpha、Delta、Omicron。轉眼間疫情已延燒至第 3 年，或許病毒終將消退，但人類生活已全然改變。

2020 年臺灣以領先全球的速度執行邊境控管，有效將病毒阻絕於境外，並從 4 月中旬起創下連續 253 天零本土確診的紀錄。在全球疫情日益嚴峻的情況下，臺灣就像是活在平行時空，過著幾乎一如往常的生活。只是當大家都以為邊境是無法攻破的銅牆鐵壁，誰都沒預想到隔年疫情竟然席捲全國。

2021 年 4 月下旬，疫情指揮中心陸續公告多名華航機師與其接觸者的確診案例，疫情開始在北臺灣擴散；5 月 15 日，政府公告新增 180 名本土案例，雙北地區隨即進入第三級警戒狀態。這一波疫情最嚴重的地區是臺北萬華與鄰近的板橋、中和、永和、三重、新莊等

地。整個北北基地區的本土確診數超過 1 萬例，桃園市、苗栗縣、彰化縣也都累計超過 100 人確診，南部地區則相對和緩。

真正的考驗 2022 年才到來。當大家都以為疫情會在這一年趨於平緩，想不到卻是越演越烈。單日確診數在 4 月底突破 1 萬例，5 月底更來到 9 萬多例的高點。在這一波疫情之中，沒有一個鄉鎮市區得以倖免，情勢嚴峻的區域也不僅限於北部地區。人均確診數最高的地方分布於宜花東山地鄉，相較之下，雲林、嘉義沿海鄉鎮與金門的確診比例較低。

在國際形勢與經濟發展的考量之下，政府不再收緊管制措施，鬆手任由疫情自然發展。這樣的政策雖然讓臺灣朝向與病毒共存的狀態，卻同時犧牲眾多國人的生命與健康。截至 6 月 30 日為止，臺灣累計有 380 萬人確診，超過 6600 人病故。這樣的做法是否值得？留給各位讀者自行評估。

2020 ～ 2021 年

COVID-19
本土確診案例數

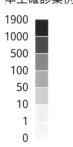

1900
1000
500
100
50
10
1
0

總計 14600 例

確診案例數量最多

1 臺北市萬華區 1881 例
2 新北市板橋區 1430 例
3 新北市中和區 1129 例
4 新北市新莊區　872 例
5 新北市三重區　626 例

金門零本土確診

2022 年 1～6 月

COVID-19
本土確診案例數

125000
50000
20000
10000
5000
2000
1000
1

總計約 377 萬例
確診案例數量最多
1 新北市板橋區 12.1 萬例
2 新北市新莊區　9.5 萬例
3 新北市中和區　9.4 萬例
4 新北市三重區　9.4 萬例
5 桃園市桃園區　8.9 萬例

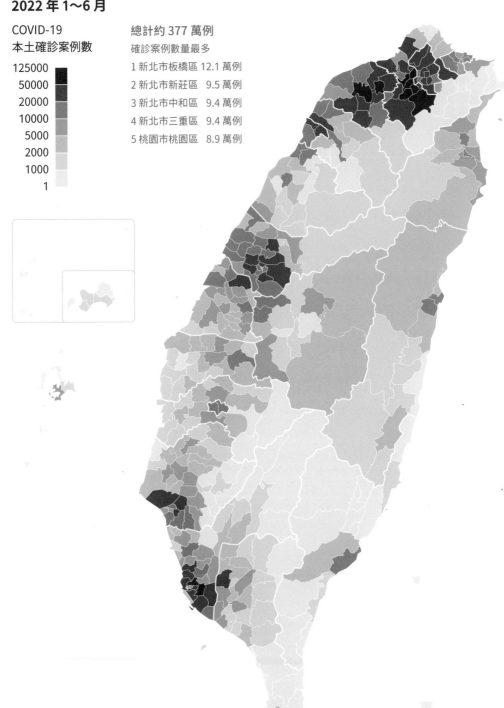

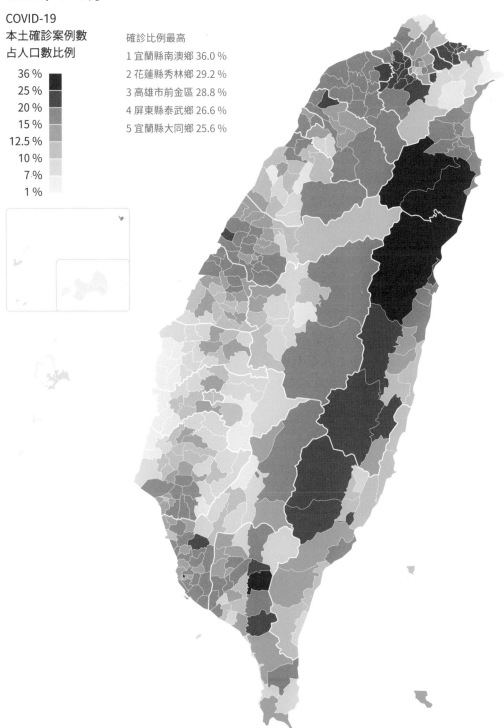

2022 年 1～6 月

COVID-19
本土確診案例數
占人口數比例

確診比例最高
1 宜蘭縣南澳鄉 36.0 %
2 花蓮縣秀林鄉 29.2 %
3 高雄市前金區 28.8 %
4 屏東縣泰武鄉 26.6 %
5 宜蘭縣大同鄉 25.6 %

36 %
25 %
20 %
15 %
12.5 %
10 %
7 %
1 %

8-2 | 登革熱
蚊子帶來的疫情

2014 及 2015 年臺南與高雄出現嚴重的登革熱疫情，兩年合計確診病例數接近 6 萬人。登革熱病毒是藉由蚊子傳播，當人類被帶有登革熱病毒的蚊子叮咬就有可能致病。其他蚊子若再叮咬已感染的患者，這些蚊子就有機會成為新的病媒蚊。

臺灣的登革熱疫情主要來自於從東南亞入境的國人或旅客在當地受到感染，抵臺後傳播給本地蚊子，進而使病毒擴散。由於 COVID-19 疫情限制國際旅遊，登革熱病毒也因此被阻絕在外，2021 年的病例數僅有 12 例，創下史上最低。

登革熱的常見症狀包含發燒、起疹，一般來說致死率不高，而且多數人可以痊癒。但若重複感染不同類型的登革熱病毒，重症和死亡的機率就會大幅提升。防治登革熱的關鍵在於環境清潔，避免在室內外留下積水，減少蚊蟲孳生的機會。

歷年登革熱病例數

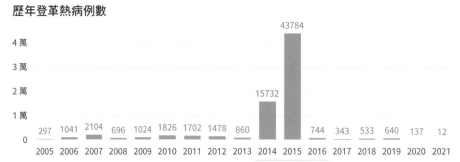

各月登革熱病例數

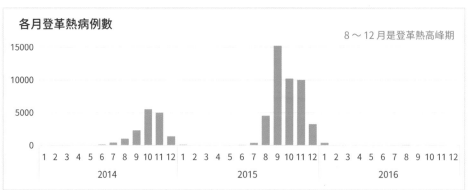

登革熱確診案例數

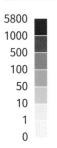

5800	
1000	
500	
100	
50	
10	
1	
0	

2015 年
總計 43784 例

確診案例數量最多
1 臺南市北區　　5739 例
2 高雄市三民區　4702 例
3 臺南市南區　　3510 例
4 臺南市中西區　3498 例
5 臺南市東區　　3143 例

8-3 | 醫院
醫療資源的分配不均

醫院分布的地點與人口分布的情形高度相關。大多數醫院集中在都市地區,尤其以臺北、臺中、臺南、高雄最密集。在人口密度較低的山區醫院數量較少,公路運輸頻繁的蘇花公路與南迴公路沿線也是缺乏醫院的地區。

醫院依照評鑑結果可分為醫學中心、區域醫院、地區醫院 3 個層級。政府期望透過這項區隔達成醫療分級的目標,小病與慢性病在診所或地區醫院就診,急重症與大型手術才到區域醫院或醫學中心,藉此讓資源合理分配。

然而此項制度卻造成有些民眾只想在資源最豐富的醫學中心或區域醫院就診,導致部分醫院人滿為患,進而排擠掉真正需要醫療服務的重症病人。相形之下,地區醫院的經營狀況更加困難,資源落差也跟著擴大,影響偏鄉民眾的就醫權益。

為了解決此一問題,近年來政府數度調漲醫學中心的門診負擔費用,並要求醫學中心減少門診量,期望藉由增加就醫成本的方式以價制量,促進分級醫療和轉診制度的落實。但政策效果如何卻是眾說紛紜,各界看法不一。

臺北市可說是前項問題最顯著的地區。臺北市有多達 8 間醫院被評定為醫學中心,地點分布相當密集。對許多民眾來說最鄰近的醫院就是醫學中心,自然會習慣直接至醫學中心就診。醫學中心過度集中或許正是分級醫療難以落實的原因之一。

在大量醫療資源集中在臺北市的同時,桃園、新竹、嘉義這些人口數眾多的都會區卻完全沒有醫學中心,形成區域之間醫療資源落差的現象。要如何有效分配醫療資源又兼顧區域正義是目前的一大難題。

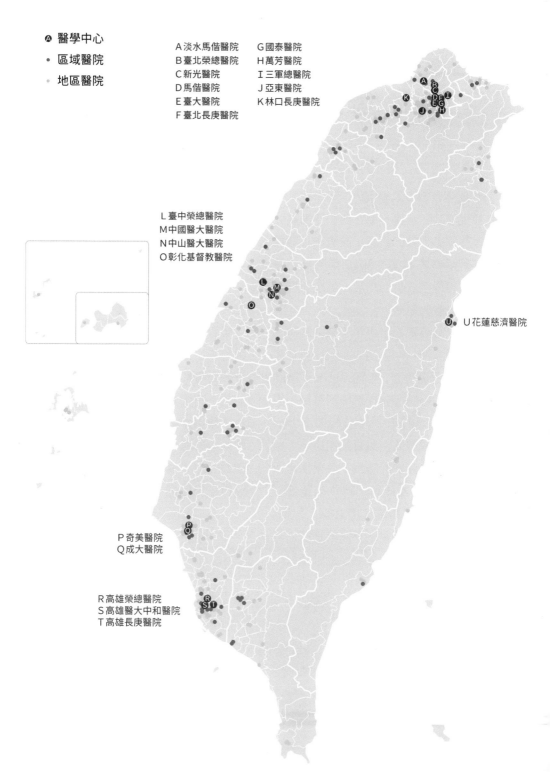

醫學中心
區域醫院
地區醫院

A 淡水馬偕醫院　　G 國泰醫院
B 臺北榮總醫院　　H 萬芳醫院
C 新光醫院　　　　I 三軍總醫院
D 馬偕醫院　　　　J 亞東醫院
E 臺大醫院　　　　K 林口長庚醫院
F 臺北長庚醫院

L 臺中榮總醫院
M 中國醫大醫院
N 中山醫大醫院
O 彰化基督教醫院

U 花蓮慈濟醫院

P 奇美醫院
Q 成大醫院

R 高雄榮總醫院
S 高雄醫大中和醫院
T 高雄長庚醫院

8-4 | 吸菸
哪個縣市的吸菸率最低？

「吸菸有害身心健康」、「未滿 18 歲禁止吸菸」，從小到大我們不斷接收到吸菸危害人體的訊息，政府也不斷擴大禁菸場所的範圍。2022 年預計也將立法規範電子菸與加熱菸，因應新興菸品日漸氾濫的趨勢。

臺灣的吸菸率呈現逐年下降的趨勢，2004 年的吸菸率是 24.1%，10 多年來已逐步降低至 2020 年的 13.1%。不同性別之間的吸菸率存在懸殊的差距，男性的吸菸率是 23.1%，女性僅有 2.9%，反映社會結構對性別氣質的期待。

進一步比較各地的吸菸率差異則可以發現宜蘭縣 20% 最高，新竹市最低只有 8.9%，兩地差距達 2 倍之多。不過，各縣市的吸菸率都呈現下降的趨勢，其中桃園市降幅最大，並且從全國後段班進步到前段班。

年齡是另一項影響吸菸習慣的重要因素。從 18 歲可以合法吸菸的年齡開始，吸菸率就隨著歲數往上提升，並且在 40 至 50 歲達到 20% 的高點。中年以後在身體健康的考量下戒菸的人數增加，吸菸率因此又隨著年紀下降。

儘管吸菸率數據持續降低，電子菸的吸菸率卻是逐年上升。許多人誤以為電子菸對身體無害，但研究結果顯示並非如此。有些電子菸仍會加入尼古丁，具有成癮與致癌的後果。而且電子菸與傳統紙菸一樣會燃燒物質產生煙霧，味道雖然香甜不臭，吸進這些高熱物質與懸浮微粒仍會傷害肺部。

性別吸菸率

18歲以上
人口吸菸率

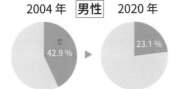

2004 年　男性　2020 年

42.9 % ▶ 23.1 %

2004 年　女性　2020 年

4.6 % ▶ 2.9 %

縣市吸菸率地圖

18 歲以上
人口吸菸率

20 %
15 %
13 %
10 %
8 %

整體吸菸率

全國 穩定下降

24.1

13.1

吸菸率趨勢 2004~2020

縣市吸菸率下降最多

桃園市 ↓ 17.0 %

29.0

12.0

吸菸率趨勢 2004~2020

縣市吸菸率最高

宜蘭縣 20.0 %

29.7

20.0

吸菸率趨勢 2004~2020

縣市吸菸率下降最少

臺北市 ↓ 4.3 %

19.5

15.2

吸菸率趨勢 2004~2020

縣市吸菸率最低

新竹市 8.9 %

20.8

8.9

吸菸率趨勢 2004~2020

年齡層吸菸率

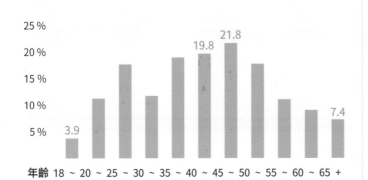

25 %

20 %

15 %

10 %

5 %

3.9　　　　　　　19.8　21.8　　　　　　　　7.4

年齡 18 ～ 20 ～ 25 ～ 30 ～ 35 ～ 40 ～ 45 ～ 50 ～ 55 ～ 60 ～ 65 +

個人收入吸菸率

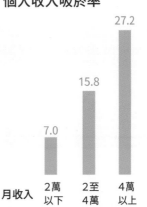

27.2

15.8

7.0

月收入　2萬　　2至　　4萬
　　　　以下　　4萬　　以上

8-5 | **視力**
國小畢業生半數視力不良

　　視力檢測是從小到大必定會做的健康檢測項目。從國小到高中的學生，每年開學後都會手拿遮眼板擋住單邊眼睛，看著遠方的投影幕，比畫字母 C 或 E 的開口方向，換算出 0.1 至 2.0 不等的視力水準。

　　統計數據顯示，當學生的年級越高，視力不良的比例隨之提升。小一同學視力不良的比例約為 26%，小六同學則提高至 60% 以上。此一狀況與裸眼視力不可逆的生理特性有關，年紀漸長眼睛退化的情形只會不斷加劇，幾乎無法自然還原。

　　隨著電腦、手機、平板電腦等電子設備的普及，學童使用 3C 產品的時間越來越長，我們可以推測學生視力將越來越差。從數據上來看，2005 年至 2011 年整體國小學生視力不良的比例從約 40% 左右成長至 50%，但在 2012 年以後卻呈現緩步下降的趨勢，詳細原因有待釐清。

　　若從區域的角度來看，都會區學生視力不良的比例偏高，尤其六都、基隆市、嘉義市都名列前茅。此一現象與學生長期待在室內空間有關，尤其許多都市學生放學後就到補習班報到，少有在室外活動玩耍的機會，難以讓眼睛放鬆休息。

　　相對而言，在環境較為開闊的東部地區，學生視力普遍良好許多。臺東縣只有約 25% 的學生有視力不良的狀況，是嘉義市的一半。這樣的差距也與 3C 設備的普及率和使用頻率有關，學生花費越少時間盯著電腦手機，視力正常的機會也就越高。

各年級
國小學童
視力不良率

2020 年

視力不良：
任一眼裸視
視力小於 0.9

80 %
60 %
40 %
20 %
0 %

男 女

一年級 26 27
二年級 33 33
三年級 42 42
四年級 49 51
五年級 55 59
六年級 61 66

歷年國小學童視力不良率

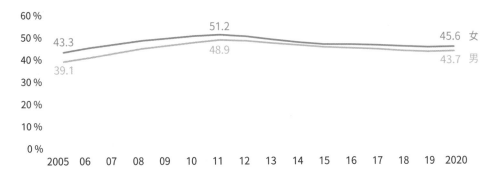

60 %
50 %
40 %
30 %
20 %
10 %
0 %

43.3
39.1
51.2
48.9
45.6 女
43.7 男

2005 06 07 08 09 10 11 12 13 14 15 16 17 18 19 2020

縣市視力不良率

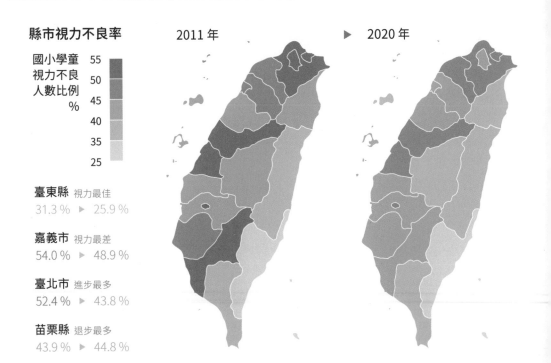

國小學童
視力不良
人數比例
%

55
50
45
40
35
25

2011 年 ▶ 2020 年

臺東縣 視力最佳
31.3 % ▶ 25.9 %

嘉義市 視力最差
54.0 % ▶ 48.9 %

臺北市 進步最多
52.4 % ▶ 43.8 %

苗栗縣 退步最多
43.9 % ▶ 44.8 %

8-6 | 輕生
關懷長者的身心健康

　　生命的價值無可取代，我們都不樂見輕生事件發生，防治自殺可說是整個社會的共同責任。輕生不僅反映個人的心理健康問題，也與社會氛圍、經濟活動、心理支援網絡等因素相關。

　　輕生死亡率是一項檢視整體人口輕生狀況的指標，計算基礎是每 10 萬人口因為輕生而死亡的人數。以此項指標來看，金門是輕生死亡率最低的縣市。基隆則是長年都居於最高，其原因為何值得探討。不過，基隆同時也是輕生死亡率下降最多的縣市，顯見近年的防治措施具有一定的效果。

　　當人的年紀漸漸邁向中老年，輕生的比例也會隨之增加，尤其 65 歲以上的老年人口更是輕生死亡率最高的年齡層。其中的原因之一是許多老年人長期受慢性疾病所苦，在身心交互影響之下容易有久病厭世的心理。

　　此外，有許多老年人在伴侶過世後獨居生活，因缺乏人際間的情感支持而容易出現憂鬱傾向。實務案例顯示，有些老年人不善於抒發自己心情鬱悶的感受，因而轉以生理病痛的方式表達，這些間接的訊號是我們關懷年長者身心健康時需要特別留意之處。

　　當親友傳遞出想要輕生的訊息該如何處理呢？首先，別急著否定對方的負面念頭。更好的應對方式是專注聆聽他們的想法與困難，表現尊重與關心的態度，適度給予支持的力量，並試著提出共同解決問題的方案。若有困難可以尋找專業醫師的協助。陪伴，是度過心理難關的重要關鍵。

縣市輕生死亡率

2020 年
每 10 萬人
輕生死亡數

23	
19	
16	
14	
10	

縣市輕生死亡率 最高
縣市輕生死亡率 下降最多

基隆市 22.8

29.6   22.8

2005 ~ 2020 年

縣市輕生死亡率 最低
縣市輕生死亡率 上升最多

金門縣 10.7

8.9   10.7

2005 ~ 2020 年

歷年各年齡層輕生死亡率

每 10 萬人輕生死亡數

— 65 歲以上   — 25 ~ 44 歲   — 14 歲以下
— 45 ~ 64 歲   — 15 ~ 24 歲

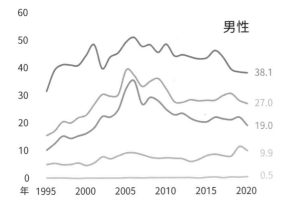

男性

38.1
27.0
19.0
9.9
0.5

女性

17.0
11.3
11.0
7.6
1.3

主要輕生方式

- 吊 吊勒窒息
- 氣 氣體窒息中毒
- 跳 高處跳落
- 食 飲食中毒
- 溺 落水溺斃
- 其他

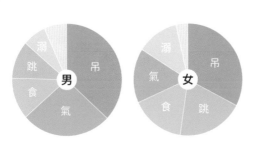

男

女

生命的價值無可取代
無論是憂鬱或壓力
都要給自己一次機會

生命線協談專線 1995
張老師陪伴專線 1980

8-7 | 運動
動起來吧！

有運動習慣嗎？
民眾有規律運動習慣比例 %（每週運動至少1次）

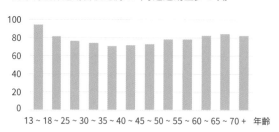

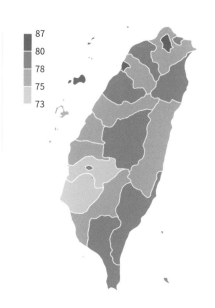

你有運動的習慣嗎？體育署的統計指出，臺灣 78% 的人每週至少運動 1 次，46% 的人至少運動 3 次，可見多數人都有運動的習慣。如果你屬於不太運動的少數人，是時候起身動一動了！

從年齡層的角度來分析，18 歲以下的學生族群在學校體育課的安排下最有規律運動的習慣。而 30 至 50 歲則是運動習慣最差的一群，不運動的理由不外乎沒時間、工作太忙、懶惰等。

喜歡慢跑嗎？
經常運動項目包含慢跑比例 %

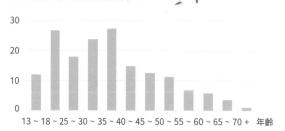

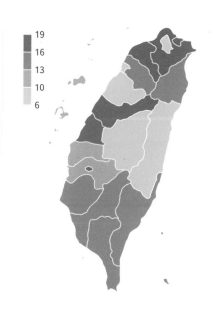

臺灣人最常從事的運動是散步，接著是慢跑、爬山。對於年長者而言散步是最主要的運動項目，但是對年輕人來說這只能算是活動而不是運動。

慢跑的裝備成本低，也沒有人數與場地的限制，且慢跑能夠快速消耗熱量、鍛鍊心肺能力，在喘息流汗之中更會有強烈的「運動感」，因而廣受大眾喜愛。18 至 40 歲的年齡層是最喜歡慢跑的族群。

喜歡爬山嗎？

經常運動項目包含爬山比例 %

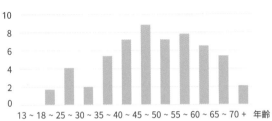

爬山在所有經常運動項目之中排名第三。在山岳丘陵廣布的臺灣，山林步道是許多人遠離都市嘈雜、享受自然風光的去處。最喜歡爬山的族群是 40 至 65 歲的中壯年人口，與喜愛慢跑的年齡層形成對比。

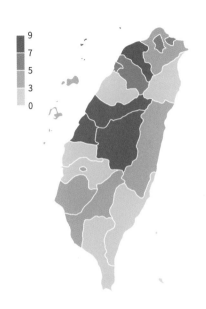

喜歡騎自行車嗎？

經常運動項目包含騎自行車比例 %

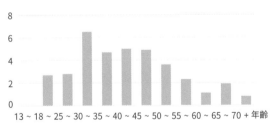

騎自行車也是許多人經常從事的運動項目。臺北市的騎車比例在全國名列前茅，完善的河濱自行車道功不可沒，淡水河、基隆河、新店溪、景美溪、大漢溪的車道全都串連在一起，從市區一車騎到淡水或鶯歌都不是問題。不過，專業自行車通常要價不斐，因此騎車比例高的族群也以經濟收入穩定的 30 至 50 歲青壯年為主。

讀到這裡是不是該想一想，你今天要做什麼運動呢？

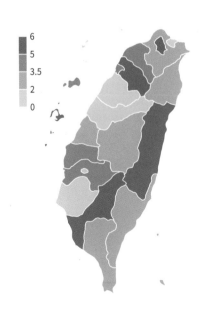

09

政治與法律

1995 ～ 2020 年 8 次立法委員選舉，國民黨四度擁有過半優勢，民進黨四度成為第一大黨，其中 2 次過半。從圖表可以發現，2004 年以前的選舉制度較有利於小型政黨，親民黨更曾經在立法院握有 20% 的席次。但在 2008 年制度變革之後，小型政黨的優勢自此消失。

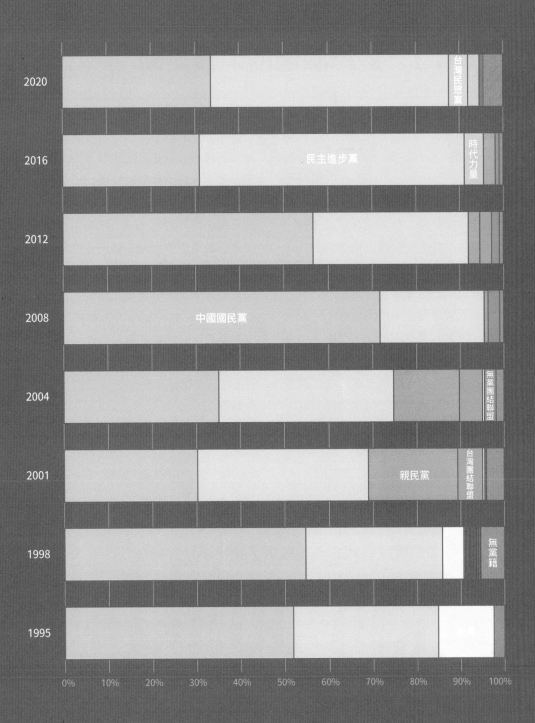

台灣民眾黨

時代力量

民主進步黨

中國國民黨

無黨團結聯盟

台灣團結聯盟

親民黨

無黨籍

2020

2016

2012

2008

2004

2001

1998

1995

0%　10%　20%　30%　40%　50%　60%　70%　80%　90%　100%

9-1 | 總統選舉
藍綠版圖的消長變動

　　總統選舉是臺灣 4 年一度的重大事件，也是維繫民主政治體制的重要基礎。

　　1996 年臺灣舉行史上第一次總統直接選舉。那年總共有 4 組候選人參選，國民黨提名時任總統李登輝競選連任，民進黨推出彭明敏代表出征，林洋港與陳履安則是脫離國民黨參選。

　　選前兩週爆發臺海飛彈危機，中國在臺灣海峽進行軍事演習，美國因而在臺灣附近海域加派軍力，情勢一度緊張，各國甚至開始擬定撤僑計畫。在此背景之下，眾多選民選擇支持李登輝連任，李因而獲得大幅度的勝利，成為第一位由人民直選的總統。

　　2000 年總統選舉，國民黨推派時任副總統連戰，民進黨提名陳水扁，剛任滿省長的宋楚瑜離開國民黨自行參選。3 位候選人在當時皆有相當的人氣，形成三強鼎立的激戰，但泛藍陣營分裂，內部不斷有棄連保宋、棄宋保連的說法流傳。最後陳水扁以些微差距勝出，完成史上首次政黨輪替。

　　2004 年之後的總統大選基本上都呈現民進黨與國民黨候選人兩強對決的局面。2008、2016 年臺灣接續完成第 2、3 次的政黨輪替，更加穩固民主與法治的價值。

歷屆總統選舉各候選人得票數

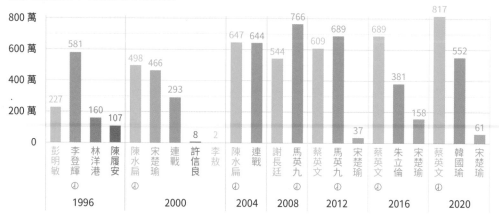

下頁的選舉地圖清楚展示 20 多年來各地選民對於政黨偏好的變化。

1996 年李登輝在四強鼎立之下獲得絕大多數選民的支持，並且幾乎在所有鄉鎮市區都取得領先，甚至連臺南及高雄都是一片藍海。李登輝僅在南投地區輸給南投縣魚池鄉出身的林洋港。

2000～2012 年的政治版圖呈現南綠北藍、西綠東藍的格局，南部選民傾向支持民進黨，北部選民則偏向國民黨。中部地區因而成為贏得選舉的指標，能不能突破「濁水溪」更被視為決勝的關鍵地理界線，基本上贏了彰化就能贏得天下。

2016 年以後濁水溪的政治分界幾乎消失，民進黨的蔡英文連續兩次取得壓倒性勝利，在西部平地行政區普遍得到選民的支持。

如此劇烈變化的關鍵為何？中國因素是重要的原因之一。在臺灣特殊的政治局勢之下，民眾對中國的憂懼經常成為投票取向的關鍵，各政黨對中國的態度因而經常成為選舉焦點。

陳水扁執政後期的臺獨路線不受多數民眾認同。2008 年選民轉向與中國較為友好的國民黨以減低兩岸衝突。當時臺灣社會亦有一股乘著中國經濟崛起藉此振興臺灣的期待，馬英九政府也陸續洽簽多項兩岸經貿協議，意圖強化經濟交流。

在此同時，臺灣人對中國統戰的戒心卻是與日俱增，此一心理更隨著 2014 年太陽花運動爆發開來，2016 年選民轉向與中國較為疏遠的民進黨。2018 年以後全球抗中情勢日漸顯著，蔡英文的政策路線獲得多數選民青睞，因而再次於 2020 大選取得壓倒性勝利。

總結來看，過去選民支持與中國友好的國民黨維繫兩岸和平，現在選民則偏好對中國強硬的民進黨，藉此宣示對國家主權與民主制度的堅持。未來各政黨的路線會有何改變，選民的偏好又將轉往何處，攸關臺灣的未來，值得繼續觀察。

1996 總統選舉

- ⚙ 李登輝 連戰　54.0 %　↺
- ⟨⟩ 彭明敏 謝長廷　21.1 %
- ▦ 林洋港 郝柏村　14.9 %
- ▦ 陳履安 王清峰　10.0 %

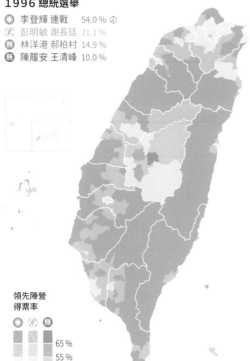

領先陣營
得票率

⚙ ⟨⟩ ▦

65 %
55 %

2000 總統選舉

- ⚙ 連戰　蕭萬長　23.1 %
- ⟨⟩ 陳水扁 呂秀蓮　39.3 %　↺
- ▦ 宋楚瑜 張昭雄　36.8 %
- ▦ 許信良 朱惠良　0.6 %
- 新 李敖　馮滬祥　0.1 %

領先陣營
得票率

⚙ ⟨⟩ ▦

65 %
55 %

2004 總統選舉

- ⚙ 連戰　宋楚瑜　49.9 %
- ⟨⟩ 陳水扁 呂秀蓮　50.1 %　↺

領先陣營
得票率

⚙ ⟨⟩

65 %
55 %

2008 總統選舉

- ⚙ 馬英九 蕭萬長　58.4 %　↺
- ⟨⟩ 謝長廷 蘇貞昌　41.6 %

領先陣營
得票率

⚙ ⟨⟩

65 %
55 %

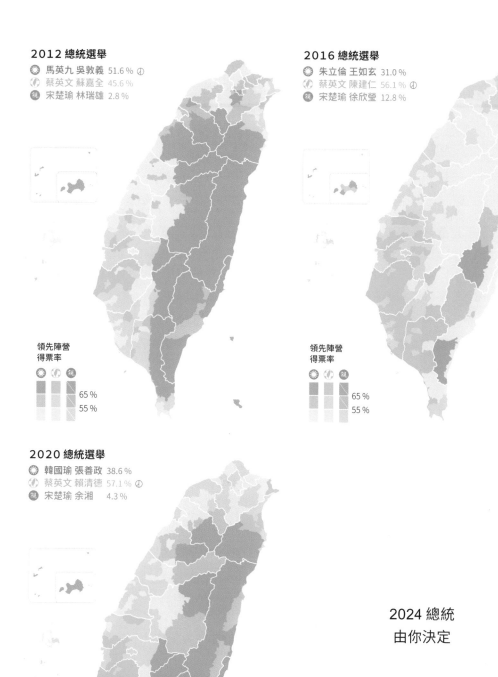

2012 總統選舉
- 馬英九 吳敦義 51.6 %
- 蔡英文 蘇嘉全 45.6 %
- 宋楚瑜 林瑞雄 2.8 %

領先陣營
得票率

65 %
55 %

2016 總統選舉
- 朱立倫 王如玄 31.0 %
- 蔡英文 陳建仁 56.1 %
- 宋楚瑜 徐欣瑩 12.8 %

領先陣營
得票率

65 %
55 %

2020 總統選舉
- 韓國瑜 張善政 38.6 %
- 蔡英文 賴清德 57.1 %
- 宋楚瑜 余湘 4.3 %

領先陣營
得票率

65 %
55 %

2024 總統
由你決定

9-2 立委選區
我的 1 票是你的 35 票

立法院是臺灣最高立法機關，由 113 席立法委員組成。依照選舉方式分為 34 席全國不分區政黨席次，6 席原住民族選區，73 席一般地方選區。在地方選區的部分，全國被劃分為 73 個選區，每個選區得票最多的一名候選人當選立委。可是，立委選區該怎麼劃定呢？

目前選區的劃分標準依照「縣市、人口」兩大原則執行。首先是以各縣市的人口數決定各縣市的席次數量，並且保障每個縣市都至少擁有一個席次。接著再依照各縣市的席次數量，把縣市劃分為若干個選區。

這些原則看起來沒什麼大問題，但事情卻沒那麼單純。

儘管每個縣市至少一席立委在制度上可以保障人口稀少的地區，卻也因此導致各縣市之間票票不等值的問題。以 2020 年選舉為例，連江縣人口 12865 人、新竹市 444189 人，彼此差距 35 倍卻都只選出一席立委，違反票票等值的選舉原則。

不只是縣市之間的差距大，縣市內部各選區之間也有相當的落差。新北市第 1 選區（淡水林口等）人口 439454 人、第 6 選區（板橋北）262823 人，差距 1.67 倍。而且前者的選區土地面積也遠大於後者，更加凸顯這兩個選區之間不公平的狀態。

縣市內部劃分不均的原因之一是目前的選區界線大致上從 2008 年選舉沿用至今，當時又是依據 2006 年的人口資料作為劃分依據。經過 10 多年來人口分布的消長與空間移動，舊時的選區設計已經無法契合現在的狀態。

儘管法律規定政府每 10 年必須重新檢討選區劃分，但這些改革會直接影響立委在地服務的範圍與競選連任的難易程度。因此 2019 年選區重劃時，政府僅處理席次總數改變的縣市，並未進一步調整縣市內部票票不等值的問題。

2020 年立法委員選舉各選區人口數

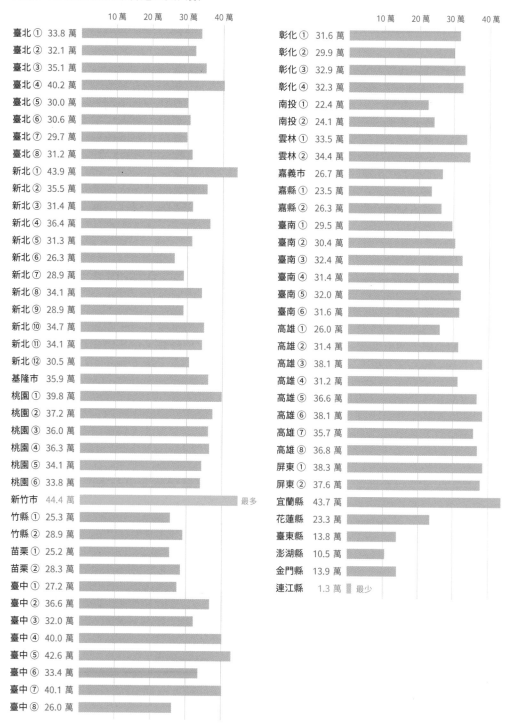

臺北 ①	33.8 萬
臺北 ②	32.1 萬
臺北 ③	35.1 萬
臺北 ④	40.2 萬
臺北 ⑤	30.0 萬
臺北 ⑥	30.6 萬
臺北 ⑦	29.7 萬
臺北 ⑧	31.2 萬
新北 ①	43.9 萬
新北 ②	35.5 萬
新北 ③	31.4 萬
新北 ④	36.4 萬
新北 ⑤	31.3 萬
新北 ⑥	26.3 萬
新北 ⑦	28.9 萬
新北 ⑧	34.1 萬
新北 ⑨	28.9 萬
新北 ⑩	34.7 萬
新北 ⑪	34.1 萬
新北 ⑫	30.5 萬
基隆市	35.9 萬
桃園 ①	39.8 萬
桃園 ②	37.2 萬
桃園 ③	36.0 萬
桃園 ④	36.3 萬
桃園 ⑤	34.1 萬
桃園 ⑥	33.8 萬
新竹市	44.4 萬 （最多）
竹縣 ①	25.3 萬
竹縣 ②	28.9 萬
苗栗 ①	25.2 萬
苗栗 ②	28.3 萬
臺中 ①	27.2 萬
臺中 ②	36.6 萬
臺中 ③	32.0 萬
臺中 ④	40.0 萬
臺中 ⑤	42.6 萬
臺中 ⑥	33.4 萬
臺中 ⑦	40.1 萬
臺中 ⑧	26.0 萬
彰化 ①	31.6 萬
彰化 ②	29.9 萬
彰化 ③	32.9 萬
彰化 ④	32.3 萬
南投 ①	22.4 萬
南投 ②	24.1 萬
雲林 ①	33.5 萬
雲林 ②	34.4 萬
嘉義市	26.7 萬
嘉縣 ①	23.5 萬
嘉縣 ②	26.3 萬
臺南 ①	29.5 萬
臺南 ②	30.4 萬
臺南 ③	32.4 萬
臺南 ④	31.4 萬
臺南 ⑤	32.0 萬
臺南 ⑥	31.6 萬
高雄 ①	26.0 萬
高雄 ②	31.4 萬
高雄 ③	38.1 萬
高雄 ④	31.2 萬
高雄 ⑤	36.6 萬
高雄 ⑥	38.1 萬
高雄 ⑦	35.7 萬
高雄 ⑧	36.8 萬
屏東 ①	38.3 萬
屏東 ②	37.6 萬
宜蘭縣	43.7 萬
花蓮縣	23.3 萬
臺東縣	13.8 萬
澎湖縣	10.5 萬
金門縣	13.9 萬
連江縣	1.3 萬 （最少）

透過選區地圖我們可以觀察到各選區的土地面積差距甚大。臺北都會區的選區面積小，花蓮縣與臺東縣選區幅員遼闊。

有些人認為這樣的劃分方式會加劇城鄉落差，席次多的都會區爭取到更多資源，吸引更多人口移入，進而讓席次少的鄉村地區趨向沒落。不過，最近 30 年的統計數據顯示席次數與人口數沒有明顯關聯。臺北市擁有 8 席立委，但人口數並未增加，反倒是不斷在減少；原本只有 1 席的新竹縣則因為人口成長而增加為 2 席。

若以人口作為選區劃分的依據，面積不均等是必然出現的現象，此一狀況並非只出現於臺灣，世界各國皆有類似的情形。民意代表畢竟是以人民意志為基礎，以人口數作為席次分配的依據仍是最公平的作法。

從地圖上我們還可以發現有些選區的形狀相當怪異。新北市第 12 選區包含金山、萬里、汐止、瑞芳、平溪、雙溪、貢寮，為了遷就於縣市界線，選區中間繞過基隆市，呈現不太連貫的模樣。

臺中市第 2 選區則是從海邊的龍井一路延伸至山邊的霧峰，兩者不屬於同一個生活圈卻被分在同個選區，廣受當地選民議論。

彰化縣、雲林縣、嘉義縣的選區劃分皆是以「山線／海線」鄉鎮為原則，臺南市第 1、2 選區卻是以南北方向來劃分。此一設計使得臺南選區的東西範圍過於遼闊，內部的產業型態也差距甚大，因此長年以來受到不少選民質疑。

選區劃分要劃得好確實不容易，既要平衡人口數量，更要考量地方的環境、產業、交通、生活等層面。目前選區劃分的問題有一部分是受到縣市界線的影響，理想的選區劃分應該與縣市界線脫離，容許「跨縣市選區」的存在，才能讓選區設計更合理。

依照法律規定下次選區重劃要等到 2030 年。期望執政者與立法者屆時都能正視選區劃分的問題，解決選區不均衡、票票不等值、劃分不合理等狀況，確保選舉及民主制度的公平性。

2020 年立法委員選舉選區地圖

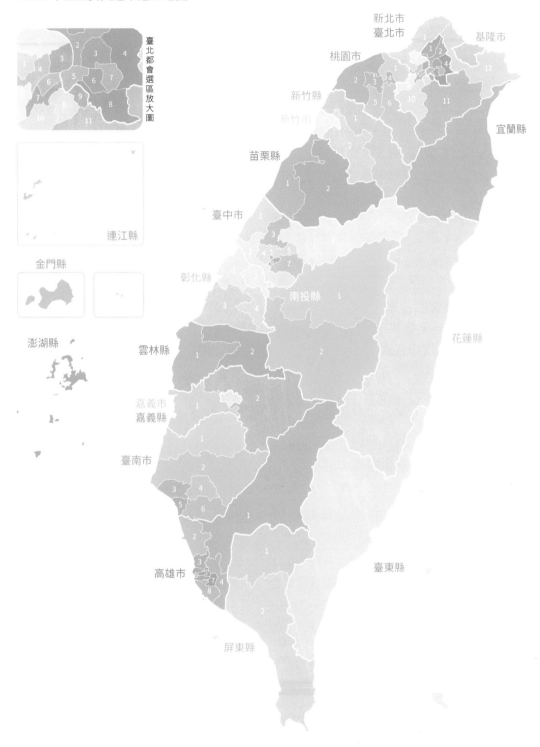

臺北都會選區放大圖

連江縣

金門縣

澎湖縣

新北市
臺北市

桃園市

新竹縣

新竹市

宜蘭縣

苗栗縣

臺中市

彰化縣

南投縣

花蓮縣

雲林縣

嘉義市
嘉義縣

臺南市

高雄市

臺東縣

屏東縣

9-3 政黨票
南北城鄉得票大比拚

2020 年總共有 19 個政黨投入不分區立委選戰，提名 216 位候選人，角逐 34 個席次。在不分區立委的選舉制度中，政黨只要獲得 5% 的選票支持就能參與席次分配，得票率越高席次越多，因此每次選舉都呈現政黨競相投入的局面。

雖然如此，5% 並不是一件容易的事，在 2020 年選舉等同於要拿到至少 71 萬張選票。經過激烈的競爭之後，僅有 4 個政黨突破門檻獲得席次，分別是民進黨、國民黨、民眾黨、時代力量。

若我們把各政黨的得票分布畫成地圖，可以發現政黨的支持者與地理空間有相當緊密的關聯。有些政黨存在明顯的地區屬性，有些政黨能取得全國各地的選票；有些政黨主要受到都會選民的關注，有些政黨仰賴鄉村選民的支持。

本書節選全國得票率最多的 9 個政黨，將鄉鎮市區依照「得票率高低」等量分成 5 組，金黃色的組別表示最支持這個政黨的地區，深灰色的組別表示最不支持這個政黨的地區。如此一來就能清楚比較各政黨之間的得票空間差異。

2020 年立委選舉 全國不分區政黨得票率

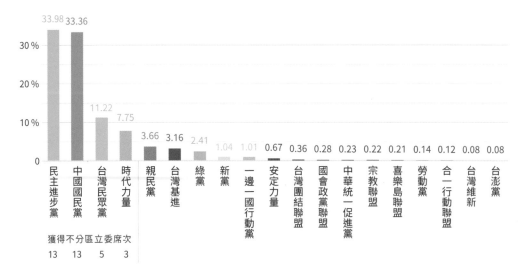

政黨	得票率
民主進步黨	33.98
中國國民黨	33.36
台灣民眾黨	11.22
時代力量	7.75
親民黨	3.66
台灣基進	3.16
綠黨	2.41
新黨	1.04
一邊一國行動黨	1.01
安定力量	0.67
台灣團結聯盟	0.36
國會政黨聯盟	0.28
中華統一促進黨	0.23
宗教聯盟	0.22
喜樂島聯盟	0.21
勞動黨	0.14
合一行動聯盟	0.12
台灣維新	0.08
台澎黨	0.08

獲得不分區立委席次
13　13　5　3

國民黨的得票地圖在所有政黨之中最為獨特，它在山地鄉、花東、金馬取得廣泛的支持，其他政黨幾乎沒有競爭能力。儘管這些地區占全國面積一半，但因為人口總數不及 5%，對於國民黨的整體得票數難有關鍵性的作用。

親民黨在蘭嶼、澎湖、臺灣中北部地區得票表現較佳，但與歷次選舉相比消退許多。

新黨的主要支持者位於金門、馬祖、臺北與桃園都會區，反映堅定支持兩岸統一訴求的選民分布。

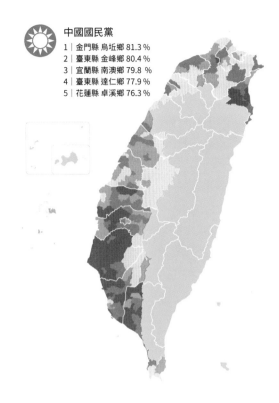

中國國民黨
1｜金門縣 烏坵鄉 81.3%
2｜臺東縣 金峰鄉 80.4%
3｜宜蘭縣 南澳鄉 79.8%
4｜臺東縣 達仁鄉 77.9%
5｜花蓮縣 卓溪鄉 76.3%

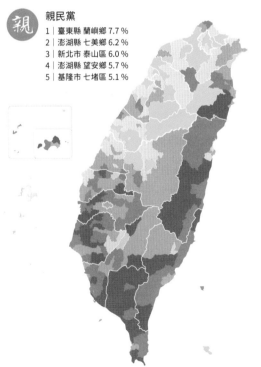

親民黨
1｜臺東縣 蘭嶼鄉 7.7%
2｜澎湖縣 七美鄉 6.2%
3｜新北市 泰山區 6.0%
4｜澎湖縣 望安鄉 5.7%
5｜基隆市 七堵區 5.1%

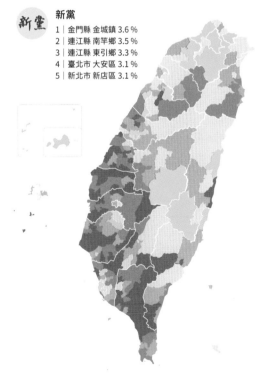

新黨
1｜金門縣 金城鎮 3.6%
2｜連江縣 南竿鄉 3.5%
3｜連江縣 東引鄉 3.3%
4｜臺北市 大安區 3.1%
5｜新北市 新店區 3.1%

民眾黨由臺北市長柯文哲領軍，地圖可見其主要支持者來自中北部都會區，並且在青年選民較多的新竹地區開出亮眼的成績。

綠黨的得票屬性同樣也是以都會選民為主，但綠黨在全臺各主要都市皆能取得一定的支持度，相較之下南北發展較為均衡。

時代力量是在太陽花運動後匯聚而成的政黨，經過多年發展已成為重要的全國性政黨。在青年選民的支持下，時代力量同樣也是以都市選區的表現較為亮眼，新竹都會區更是重中之重。

民進黨、台灣基進、一邊一國，這3個政黨在政治光譜上都偏向本土訴求，主要支持者都在南部區域，卻因著政黨路線和發展歷史的差異而各自擁有不同屬性的支持者。

民進黨在臺南、高雄、屏東鄉村特別有優勢。從高雄起家的台灣基進則是在高雄市的表現最出色，同時在區域立委候選人陳柏惟的帶領下獲得不少臺中市民的支持。一邊一國在雲嘉南的鄉村地區具有優勢，卻幾乎完全避開都市地區。

各個政黨因為政治理念與發展過程的差異而凝聚不同屬性的支持者，政黨也可能會為了開拓更多選票調整自身方向，進而改變版圖空間。選舉地圖正是觀察這些特色與變化的重要方式。

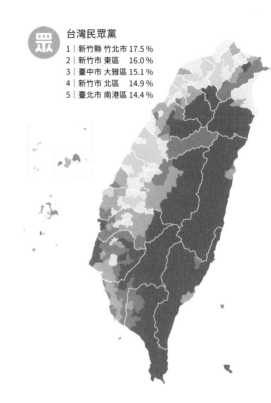

台灣民眾黨
1｜新竹縣 竹北市 17.5 %
2｜新竹市 東區　 16.0 %
3｜臺中市 大雅區 15.1 %
4｜新竹市 北區　 14.9 %
5｜臺北市 南港區 14.4 %

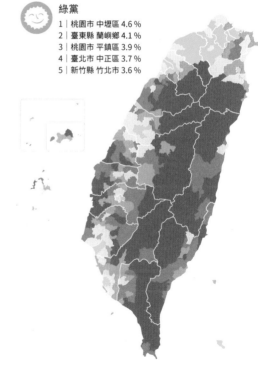

綠黨
1｜桃園市 中壢區 4.6 %
2｜臺東縣 蘭嶼鄉 4.1 %
3｜桃園市 平鎮區 3.9 %
4｜臺北市 中正區 3.7 %
5｜新竹縣 竹北市 3.6 %

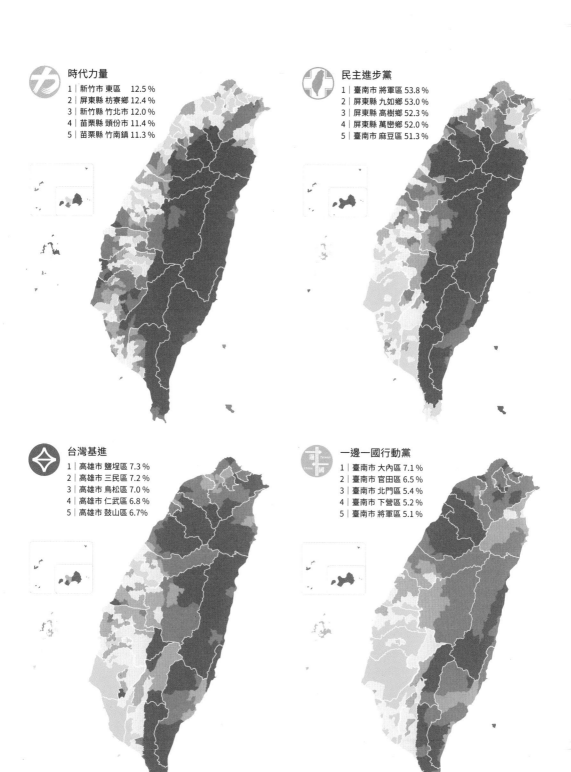

時代力量

1 | 新竹市 東區　　12.5 %
2 | 屏東縣 枋寮鄉　12.4 %
3 | 新竹縣 竹北市　12.0 %
4 | 苗栗縣 頭份市　11.4 %
5 | 苗栗縣 竹南鎮　11.3 %

民主進步黨

1 | 臺南市 將軍區 53.8 %
2 | 屏東縣 九如鄉 53.0 %
3 | 屏東縣 高樹鄉 52.3 %
4 | 屏東縣 萬巒鄉 52.0 %
5 | 臺南市 麻豆區 51.3 %

台灣基進

1 | 高雄市 鹽埕區 7.3 %
2 | 高雄市 三民區 7.2 %
3 | 高雄市 鳥松區 7.0 %
4 | 高雄市 仁武區 6.8 %
5 | 高雄市 鼓山區 6.7 %

一邊一國行動黨

1 | 臺南市 大內區 7.1 %
2 | 臺南市 官田區 6.5 %
3 | 臺南市 北門區 5.4 %
4 | 臺南市 下營區 5.2 %
5 | 臺南市 將軍區 5.1 %

9-4 | 縣市長選舉
地方百里侯攻城之戰

　　儘管 1996 年臺灣總統才首度由人民直接選舉，但地方上早在 1950 年就已經實施首次縣市長選舉，起初是 3 年一任，後來改為 4 年一任。省長與直轄市長則是直到 1994 年才開放人民直選。

　　在 2010 年以前，縣市長與直轄市長的任期差距一年，導致臺灣幾乎年年都在舉辦選舉。為了減少選舉次數，2014 年起所有地方民選公職人員，包含直轄市長、縣市長、直轄市議員、縣市議員、鄉鎮市長、鄉鎮市民代表、村里長，7 項職務都合併在同一天舉行選舉。2018 年起再加入直轄市原住民區長與原住民區民代表 2 項職務，因此俗稱 9 合 1 地方選舉。

　　右邊的地圖呈現過去 9 屆（1985～2018 年）縣市長與直轄市長選舉的結果，我們可以清楚觀察到各政黨的版圖消長過程。這些變化可以歸納出以下 2 個重點。

　　第一，選舉基本上呈現國民黨與民進黨對決的態勢。儘管歷屆選舉都有非藍非綠的候選人勝選，但無黨籍或小黨候選人要成功當選並不容易。2018 年的臺北市長選舉是一個代表性的案例。時任市長柯文哲與民進黨在第一個任期合作之後分道揚鑣，他的連任之戰因此遭遇藍綠雙面夾擊，最後逆勢拚戰連任成功。

　　第二，所有縣市都曾歷經政黨輪替，沒有政黨可以永遠執政。舊高雄縣是相當經典的案例。1985 年「黨外」余陳月瑛當選高雄縣長，隔年加入剛成立的民進黨，開啟綠營在高雄縣連續執政 30 年以上的紀錄。直到 2018 年國民黨的韓國瑜吹起韓流旋風，高票當選高雄市長，就此中斷綠營長期執政的紀錄。

　　選舉地圖的變化告訴我們沒有翻不動的政治版圖，沒有不會生鏽的鐵票倉。在民主制度之下，不遵循多數民意的結果就是交出政權，沒有政黨或政治人物能例外。

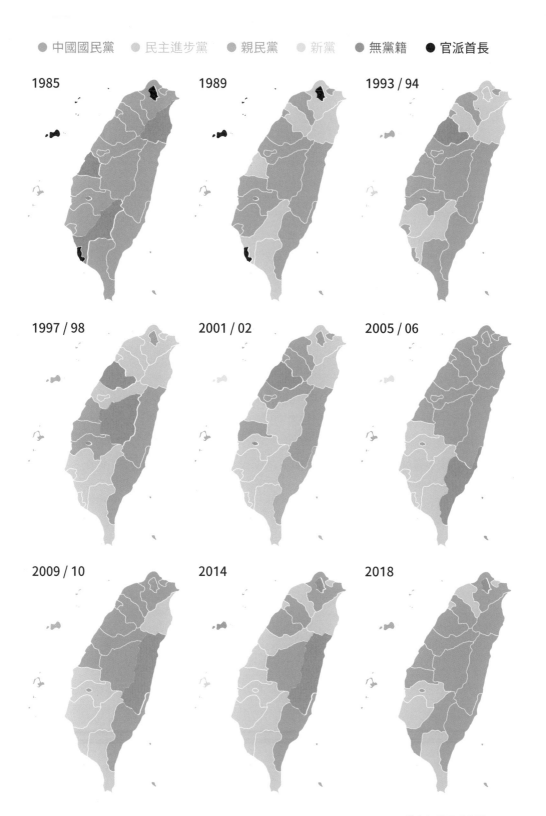

● 中國國民黨　● 民主進步黨　● 親民黨　● 新黨　● 無黨籍　● 官派首長

1985

1989

1993 / 94

1997 / 98

2001 / 02

2005 / 06

2009 / 10

2014

2018

一般來說我們都是從政黨的角度檢視縣市長選舉結果,但如果是從性別的角度來看呢?

2014年以前每屆選舉當選縣市首長的女性人數都不超過4人,比例低於1/5。這樣的結果與臺灣整體人口男女各半的現實有相當大的落差,反映政治領域性別不平等的結構。

2018年選舉產生一次極大的突破,總計有7名女性當選縣市長,占比近1/3,許多縣市都迎來史上第一位女性首長。有趣的是這7名女性全都是國民黨籍。

嘉義市是一個相當獨特的案例,過去10屆市長選舉有9屆是由女性當選,1982年至1997年更出現連續5屆選舉由母女3人許世賢、張博雅、張文英當選的情況。此3人為嘉義市政治派系許家班的核心成員,長年縱橫嘉義政壇,實力相當穩固。

整體來說目前臺灣政治仍舊是以男性為主的環境,但近年來女性參政的情形不斷進展與突破,此一趨勢對於性別平權和民主深化都具有相當重要的意義。

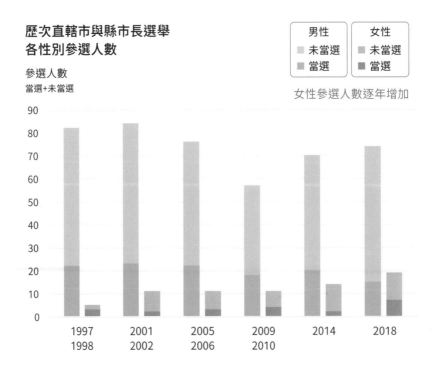

歷次直轄市與縣市長選舉
各性別參選人數

男性	女性
■ 未當選	■ 未當選
■ 當選	■ 當選

參選人數
當選+未當選

女性參選人數逐年增加

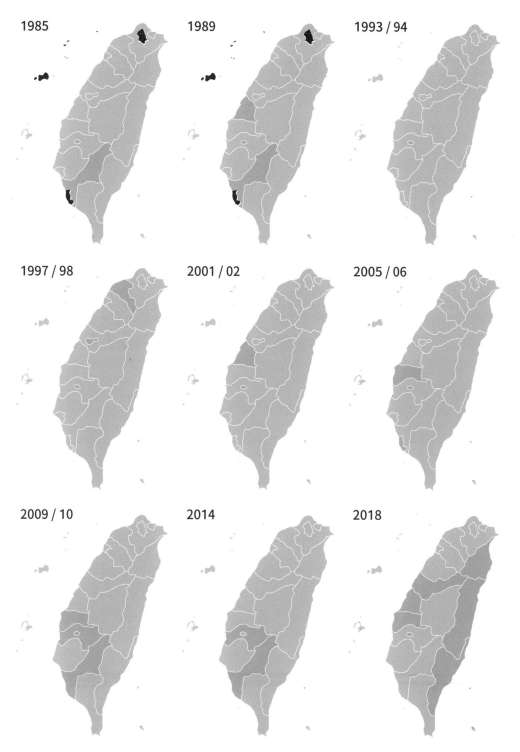

● 男性　● 女性　● 官派首長

1985　　　　　　1989　　　　　　1993 / 94

1997 / 98　　　　2001 / 02　　　　2005 / 06

2009 / 10　　　　2014　　　　　　2018

9-5 | 罷免
解開鳥籠的政治對決

憲法保障人民選舉與罷免的權利。然而有很長一段時間臺灣的罷免制度被各界視為「鳥籠罷免」，諷刺罷免案根本不可能通過。何以如此？故事得從1994年說起。

1994年立法院解凍核四的工程預算，授權行政院繼續興建核四，反核團體因此針對多名國民黨籍立法委員提出罷免案。掌握立法院多數的國民黨為了反制這項行動，遂將罷免投票的投票率門檻從1/3修訂為1/2，也就是只要投票率低於50%即視同罷免不通過。

這樣的制度設計意味著罷免反對方只要不參與投票幾乎就可以篤定否決罷免案，因此被罷免者多半會請求支持者拒絕投票，藉此降低整體投票率。在那之後果真沒有任何罷免案投票通過，社會上因而出現鳥籠罷免之說。

經過20多年的政治輪替與社會變遷之後，2016年罷免投票的通過門檻修改為「同意票多於不同意票、同意票超過投票權人數四分之一」。改革的結果讓罷免變得較為容易，在此之後至2022年1月為止，總計16場罷免投票有5案通過。

以往的被罷免者可以採用冷處理的方式度過挑戰。但修法之後的被罷免者應該要採取什麼樣的應對策略？有些人延續過往的習慣，請支持者不參與投票，減低雙方的動員力道。有些人選擇正面對決，積極掃街拜票爭取支持者投下「不同意」，甚至舉辦造勢大會邀請黨政明星出面催票。

從最近幾場的投票結果來看，冷處理的策略已經不保證有效，但正面對決也未必能盡如人意。例如，高雄市長韓國瑜、桃園市議員王浩宇都採用「不投票」策略，最後罷免案仍舊通過。臺中市立委陳柏惟、臺北市立委林昶佐都選擇正面迎戰，但僅有後者通過挑戰。

隨著罷免制度從鳥籠中解脫，罷免案通過與否的關鍵已經從投票率高低轉變為整體政治氛圍與地方選民的意向。未來各層級的公職人員將如何面對罷免挑戰，值得繼續觀察。

公職人員罷免投票

2016.11 ～ 2022.01

- ● 罷免通過
- ● 罷免不通過

❶ **2017.08.26** 通過
村長｜屏東縣南州鄉壽元村

❷ **2017.12.16** 不通過
立委｜新北市第 12 選區 [汐止等]

❸ **2020.06.06** 通過
市長｜高雄市

❹ **2020.07.04** 通過
村長｜宜蘭縣員山鄉中華村

❺ **2020.11.21** 不通過
里長｜臺南市新營區太北里

❻ **2020.11.28** 不通過
鄉長｜花蓮縣富里鄉

❼ **2020.12.12** 不通過
里長｜臺北市士林區福安里

❽ **2020.12.19** 不通過
村長｜南投縣信義鄉東埔村

❾ **2020.11.28** 不通過
村長｜嘉義縣六腳鄉工廠村

❿ **2020.12.12** 不通過
鄉代｜花蓮縣秀林鄉第 1 選區

⓫ **2020.12.12** 不通過
村長｜花蓮縣秀林鄉景美村

⓬ **2021.01.16** 通過
議員｜桃園市第 7 選區 [中壢]

⓭ **2021.01.16** 不通過
里長｜新北市新店區明城里

⓮ **2021.02.06** 不通過
議員｜高雄市第 9 選區 [鳳山]

⓯ **2021.12.19** 通過
立委｜臺中市第 2 選區 [沙鹿等]

⓰ **2022.01.09** 不通過
立委｜臺北市第 5 選區 [萬華中正]

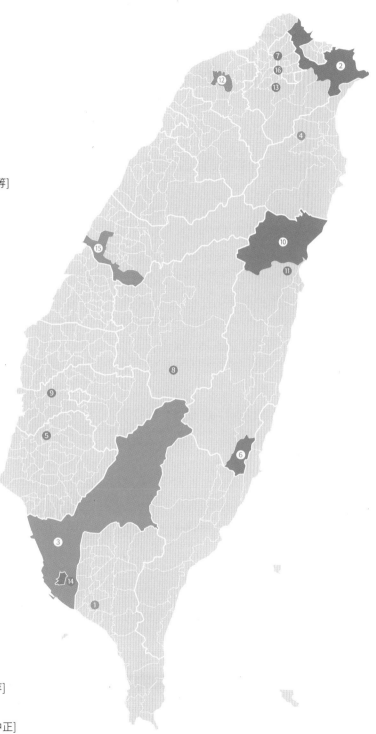

9-6 | # 臺灣隊
難以取代的中華台北

你覺得臺灣的運動選手出國比賽,隊伍名稱應該是「中華台北」?還是「臺灣」?

在國際政治現實的折衝之下,自從1984年奧運以來,臺灣運動選手多半是以「中華台北」(Chinese Taipei)的名義參加國際賽事。然而,長年以來有不少人認為臺灣就是臺灣,隊伍名稱應該名實相符重新正名為「臺灣」。

2018年在運動員紀政的領銜之下超過42萬人連署提出公民投票案,要求政府向國際奧會申請以「臺灣」的名義參加2020東京奧運與其他國際運動賽事。

這項公投案成立後隨即面對不少國際阻力。國際奧會通知我國奧會,不會准許任何變更會籍名稱的申請案(儘管我方根本還沒提出申請),甚至恐嚇將取消我方會籍。後來在中國的主導之下,東亞奧會取消臺中市2019年東亞青年運動會的主辦權,被視為中國最實質的反制行動。

運動員對此公投案的看法相當分歧。有些運動員支持使用臺灣的名稱參賽,避免再讓臺灣選手被誤認為中國選手;但也有運動員擔心改名案會影響臺灣選手參與國際賽事的權利。絕大多數的運動員則是保持沉默不公開表態,深怕因政治議題而得罪任何一方。

最終此項公投案未通過,同意票476萬,不同意票577萬。

這是當年10案公投之中票數最相近的一案,臺灣各地的支持傾向呈現明顯的空間差異。以臺南為中心的南部地區開出過半數的同意票,但中北部與東部地區多半都投下不同意票。此一結果與臺灣20多年來南綠北藍的政治版圖相當契合。

現在臺灣的運動選手繼續以中華台北的名義征戰國際賽場,但從2021年東京奧運的轉播與網路社群討論可以發現,有越來越多國內觀眾不再自稱中華隊,而是改說臺灣隊。未來我們是否有機會見到臺灣隊正式出場呢?

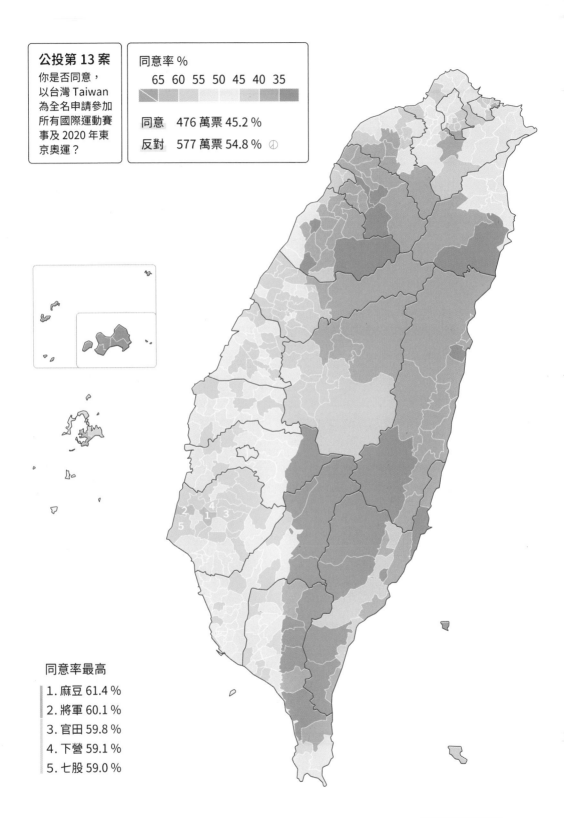

9-7

監獄
特殊的女子監獄與外役監獄

2021 年底臺灣約有 48000 人身處牢獄,收容在全國 26 座監獄之中。臺中監獄 6900 人最多,臺北監獄 5500 人次之,臺東監獄 3400 人排名第三,這 3 座監獄的收容人數約占全國 1/3。

你可能不知道的是,臺北監獄其實早已從臺北市遷移至桃園市龜山區,目前雙北地區沒有設立任何監獄。

由於受刑人的性別比例相當懸殊,臺灣多數監獄都是專收男性,僅在桃園、臺中、高雄 3 地設有女子監獄。有些女子監獄設置有兒童用的遊樂設施,這是因為法律規定,如果女性受刑人育有 3 歲以下的子女,但在獄外沒有親人能協助照顧,受刑人可以帶進監獄陪同照顧。

儘管這些孩童平常會由獄方專業人員協助照顧,但監獄畢竟是較為封閉的環境。為了讓孩童可以提前與外界社會接觸、培養語言及人際互動的能力,現在政府已開放年滿 2 歲的孩童可以到獄外的幼兒園上學。孩童年滿 3 歲之後也必須「出獄」,避免監獄生活影響孩童的身心發展。

外役監獄是另一種特殊的監獄型態。這種監獄採用低強度管理的方式,讓受刑人可以在不受密集監視和鐐銬的狀態下活動,從事農作、園藝、文書等工作。表現優良的受刑人更可以在假日返家探親。外役監獄的目的是要讓受刑人適應不受監管的生活模式,為出獄返回社會預做準備。

要進入外役監獄並不容易,畢竟外役監獄享有一般監獄所沒有的福利和自由,可容納的人數也不多。法律規定受刑人若是累犯、有逃亡疑慮、受刑期間多次違規等情況就沒有資格申請。因此外役監獄的制度也具有鼓勵受刑人從善的作用。

基隆監獄
260 人

臺北監獄　5500 人
桃園監獄　1100 人
八德外役監獄　300 人
桃園女子監獄　1000 人
新竹監獄　2000 人

宜蘭監獄
3300 人

金門監獄　150 人

臺中女子監獄　1200 人
臺中監獄　6900 人

花蓮監獄
1600 人

彰化監獄　2200 人

雲林監獄　900 人
雲林第二監獄　1500 人

澎湖監獄　1300 人

自強外役監獄
380 人

嘉義監獄　2800 人

臺南第二監獄　800 人

明德外役監獄　440 人

臺南監獄　2800 人

高雄第二監獄　1900 人
高雄監獄　2200 人
高雄女子監獄　1100 人
屏東監獄　2800 人

臺東監獄　3400 人
綠島監獄　60 人

9-8 | 法院
你的案件屬於這間法院

法院分為最高法院、高等法院、地方法院 3 個層級。右頁的地圖畫出臺灣 22 間地方法院的位置與管轄區域。

基本上每個縣市都有 1 間地方法院，但也有一些例外情形。新竹與嘉義都是縣市合併設置 1 間地方法院。北北基由於人口眾多拆分為臺北、新北、士林、基隆 4 間地方法院管轄。高雄市則由高雄與橋頭地方法院分開管轄，其中橋頭地方法院 2016 年才正式成立，是最新的地方法院。

有趣的是，地方法院所在的位置未必會與縣市政府相同，像是彰化縣政府設在彰化市，彰化地方法院設址於員林市；雲林縣政府位於斗六市，雲林地方法院則位於虎尾鎮。

在所有地方法院之中，管轄人口最多的是新北地方法院，轄區人口超過 300萬人。花蓮地方法院的管轄面積最大。連江地方法院無論是人口或土地面積都是最小。

儘管各縣市皆有地方法院，但若小型案件也要親訪法院辦理未免顯得勞民傷財。為了方便民眾參與訴訟，各地方法院底下設有 1 至 3 處簡易庭，負責審理較單純或爭議標的較小的案件。以臺中市為例，海線的民眾可以就近在沙鹿簡易庭參與審理，山線的民眾可以運用豐原簡易庭，市區的民眾則是歸屬於臺中簡易庭。

地方法院的上級法院是高等法院，臺灣的高等法院分為以下 6 間。儘管金門與連江地方法院隸屬於福建高等法院金門分院，但實際上並不存在福建高等法院本院。

法院	管轄縣市
臺灣高等法院	臺北市、新北市、基隆市、桃園市、新竹縣、新竹市、宜蘭縣
臺灣高等法院臺中分院	苗栗縣、臺中市、南投縣、彰化縣
臺灣高等法院臺南分院	雲林縣、嘉義縣、嘉義市、臺南市
臺灣高等法院高雄分院	高雄市、屏東縣、澎湖縣
臺灣高等法院花蓮分院	花蓮縣、臺東縣
福建高等法院金門分院	金門縣、連江縣

地方法院

● 地方法院簡易庭
　各地方法院設置 1 至 3 處簡易庭
　處理簡易訴訟程序、社維法規定等案件
　本圖以顏色區隔各地方法院之管轄範圍
　其內部分區即是各簡易庭之管轄範圍

連江地方法院

● 連江

金門地方法院

■ 金城

士林地方法院
臺北地方法院
新北地方法院

基隆地方法院

桃園地方法院

士林
三重
桃園
板橋
中壢
內湖
臺北
新店

基隆

新竹地方法院

竹北
新竹
竹東

宜蘭地方法院

宜蘭
羅東

苗栗地方法院

苗栗

臺中地方法院

沙鹿
豐原
彰化
臺中

花蓮地方法院

花蓮

彰化地方法院

員林
北斗

南投地方法院

埔里
南投

澎湖地方法院

雲林地方法院

虎尾
斗六

北港

馬公

嘉義地方法院

朴子
嘉義

玉里

柳營

新市

臺南地方法院

臺南

旗山

橋頭地方法院

岡山
橋頭

臺東

臺東地方法院

高雄地方法院

屏東
鳳山
高雄
潮州

屏東地方法院

9-9 | 不義遺址
國家迫害的空間記憶

　　「不義遺址」指的是威權統治時期國家運用非法與非正當手段系統性侵害人民權利的空間現場。目前國家人權博物館已公告全國 41 處不義遺址，是保存歷史與空間記憶的重要場所。

　　在威權時期，政府與國軍皆擔憂遭到共諜滲透，因而利用看守所審訊調查「疑似不忠」的軍人和平民百姓。但當時的審訊手法卻經常是刑求逼供，意圖讓無罪之人承認根本不存在的犯罪事實。

　　調查局使用「招待所、接待室」等名稱，僅是表面上的美化，實質上與看守所的本質無異。不少人在審訊過程中被凌虐致死，也有些人在審判之後被送上刑場槍決，或是進入監獄長期關押。

　　現在國家人權博物館落腳於景美看守所原址，此地也是美麗島大審的法庭所在地。如今建物與園區都已開放自由參觀，記錄這段國家侵害人民權利造成傷害的歷史。

臺北地區
右圖放大

國防部保密局
桃園感訓所
（天牢）

● 鹿窟菜
（光明禪）

● 反共先鋒訓練營

● 泰源監獄

情報處拘留所
（三樓冰茶室）

軍法處看守所

● 情報處看守所
（鳳山海軍招待所）

● 新生訓導處

現為國家人權博物館
白色恐怖綠島紀念園區

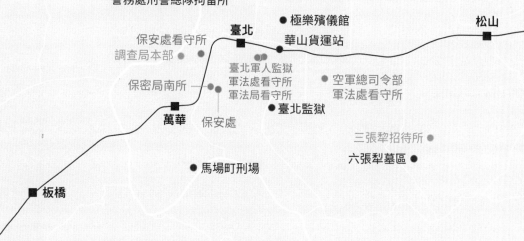

- 國防部海軍總司令部管轄
- 國防部警備總司令部管轄
  （包含其前身保安司令部）
- 國防部其他單位管轄
- 司法行政部調查局管轄
  （1956 年以前隸屬內政部）
- 其他類型

內湖新生總隊 ●

大龍峒留質室 ●

保密局北所 ●
憲兵司令部軍法處看守所 ●
警務處刑警總隊拘留所

● 極樂殯儀館
華山貨運站

松山 ■

保安處看守所 ●
臺北 ■
調查局本部 ●

臺北軍人監獄
軍法處看守所
軍法局看守所

保密局南所 ●

空軍總司令部
軍法處看守所 ●

萬華 ■
保安處

● **臺北監獄**

三張犁招待所 ●

六張犁墓區 ●

● **馬場町刑場**

板橋 ■

臺北地方法院看守所（土城看守所）
調查局誠舍 ●

軍法處看守所 ●
（景美看守所）

生產教育實驗所 ●
（仁愛莊）

現為國家人權博物館
白色恐怖景美紀念園區

安坑刑場 ●

軍法處看守所 ●
（新店看守所）

安康接待室 ●

臺灣軍人監獄
（新店監獄）

軍法處看守所
（安坑看守所）

10 chapter

觀光旅遊

臺灣各地有許許多多的博物館與美術館。臺北科教館、臺中科博館、高雄科工館,這 3 座頗負盛名的博物館是親子出遊的必去之處,科博館更是全年度最多人進場參觀的博物館。屏東海生館的票價雖然明顯較高,但館內豐富的海洋生物也讓它廣受歡迎。

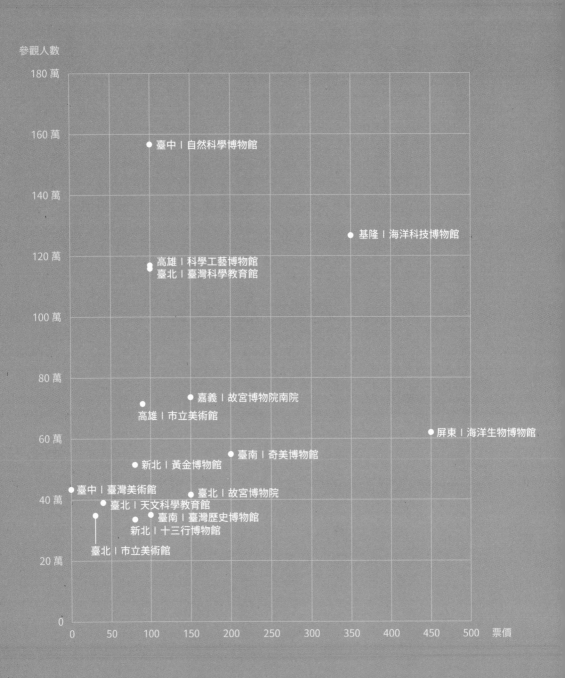

參觀人數

180 萬

160 萬 ● 臺中 | 自然科學博物館

140 萬

120 萬 ● 基隆 | 海洋科技博物館

高雄 | 科學工藝博物館
臺北 | 臺灣科學教育館

100 萬

80 萬

● 嘉義 | 故宮博物院南院
高雄 | 市立美術館

60 萬 ● 屏東 | 海洋生物博物館

● 臺南 | 奇美博物館

● 新北 | 黃金博物館

● 臺中 | 臺灣美術館 ● 臺北 | 故宮博物院
40 萬 ● 臺北 | 天文科學教育館
● 臺南 | 臺灣歷史博物館
新北 | 十三行博物館

20 萬 臺北 | 市立美術館

0

0   50   100   150   200   250   300   350   400   450   500 票價

10-1 │ 國際旅客
病毒來了，旅客走了

　　還記得上次出國是什麼時候？有多久沒見到外國觀光客了？我們甚至都快忘記臺灣幾年前全力發展國際旅遊，觀光局更許下旅遊產值破兆元的願景。但COVID-19疫情改變了一切，2020年至2022年國際旅遊幾乎停擺，旅遊政策轉為刺激國內旅遊市場。

　　2019年臺灣出國旅遊的人數高達1710萬人次，同年接待1186萬名入境的國際旅客，兩者數量雙雙創下歷史新高。

　　在所有國家與地區之中，日本是臺灣人最愛去的國家，旅遊人數近500萬人次。排在後面的依序是中國、港澳、韓國、越南。至於國際旅客的來源則是以中國占比最多，接著是日本、港澳、韓國、美國。

　　透過地圖我們可以發現，出入境人數排在前10名的國家與地區，幾乎都是臺灣在東亞的鄰居，飛行時間大多在5個小時以內，可見距離是國際旅遊交通的關鍵因素。但距離也不是唯一的因素，臺灣與日韓的經貿文化交流更深，來往的緊密程度因此更高於距離較近的菲律賓和越南。

　　COVID-19疫情席捲全球之後，旅遊疫情警戒陸續提升至第三級，國際旅遊的人數也跟著暴跌。桃園機場的出入境統計清楚反映這樣的趨勢。未來國際旅遊會復甦至什麼程度仍有許多變數。

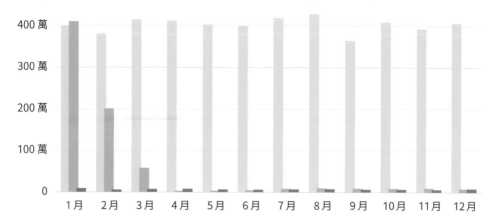

桃園國際機場 出入境旅客數量　■2019年　■2020年　■2021年

2019、2020 年主要出入境國家地區

日本　中國　香港　澳門　韓國　越南　泰國　美國　菲律賓　新加坡　馬來西亞

香港澳門合併統計

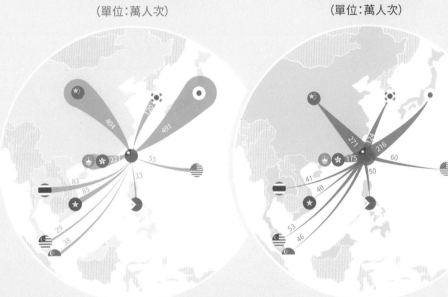

2019 國人出境地點
（單位：萬人次）

404　170　491
227　55
33
83
85
29
38

2019 旅客入境來源
（單位：萬人次）

271　121　216
175　60
41　50
40
53
46

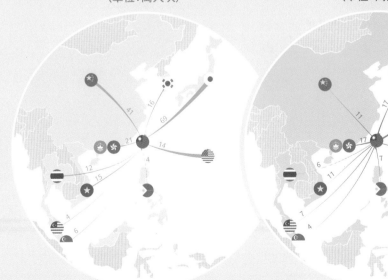

2020 國人出境地點
（單位：萬人次）

41　16　69
21　14
4
12
15
4
6

2020 旅客入境來源
（單位：萬人次）

11　17　26
17　8
6　7
11
7
4

10-2 | 國家公園
9 座公園各有特色

　　臺灣有 9 座國家公園。國家公園的目的在於保護國家特有的自然風景、野生生物及人文史蹟，並提供研究及育樂的功能。1984 年第一座國家公園在墾丁成立，接著依序是玉山、陽明山、太魯閣、雪霸、金門、東沙環礁、台江、澎湖南方四島。

　　太魯閣國家公園可說是其中最熱門的一座，最近幾年的觀光人數都在每年 400 萬人次左右。園區大致上屬於立霧溪流域，立霧溪穿過中央山脈，形成壯麗的 V 字型峽谷，絕美的景色令人流連忘返。峽谷之中更有多座吊橋，是飽覽太魯閣景觀的重要方式。

　　陽明山國家公園是最鄰近都會區的國家公園，每逢風和日麗的假日時光，大批的都市居民便會湧入到訪。陽明山上有廣闊的草原、火山活動景觀、難度各異的登山步道。春天的花季有杜鵑、櫻花、茶花、海芋各自綻放，秋冬則有滿山搖曳的芒花。豐富的樣貌使得陽明山成為四季皆宜的景點。

　　要走遍 9 座公園並不容易。遠在南海海域的東沙環礁國家公園有豐富的熱帶海洋生態，但此一地點為軍事重地，距離臺灣本島更有 400 公里之遠，只能乘坐國軍的飛機或船艦前往，每年登島參訪的人數相當有限。

　　澎湖南方四島國家公園涵蓋東吉嶼、西吉嶼、東嶼坪嶼、西嶼坪嶼 4 座島嶼及周邊海域，此地以海洋生態和玄武岩地形景觀聞名。交通方面只適合乘船前往，目前屬於小眾的私房景點。

　　看了這麼多，是不是發現自己連臺灣都還沒有玩透呢？不如在解封出國之前，來趟國內深度旅遊吧！

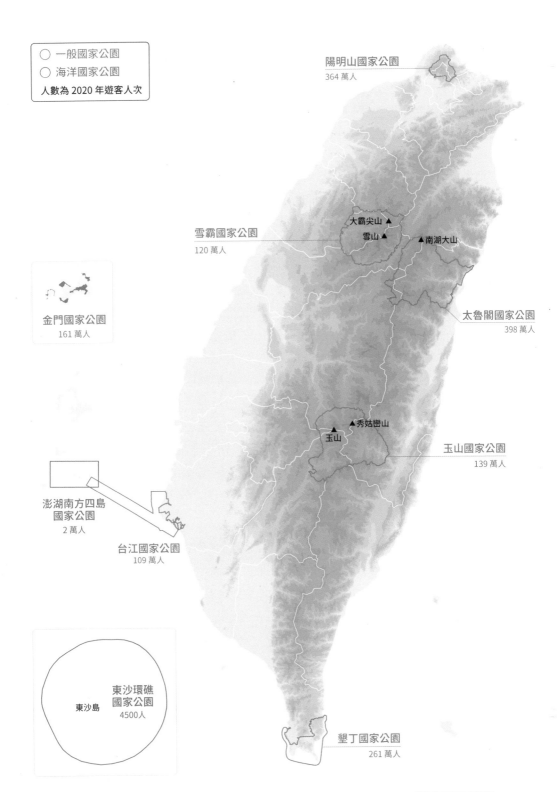

○ 一般國家公園
○ 海洋國家公園
人數為 2020 年遊客人次

陽明山國家公園
364 萬人

雪霸國家公園
120 萬人

大霸尖山 ▲
雪山 ▲
▲ 南湖大山

金門國家公園
161 萬人

太魯閣國家公園
398 萬人

▲ 秀姑巒山
玉山 ▲

玉山國家公園
139 萬人

澎湖南方四島
國家公園
2 萬人

台江國家公園
109 萬人

東沙環礁
國家公園
4500人

東沙島

墾丁國家公園
261 萬人

10-3 | 森林遊樂區
臺灣有座阿里山

你去過阿里山嗎？阿里山可說是臺灣最具代表性的觀光景點之一，櫻花、火車、日出、雲海、森林步道，百看不厭的美景使得阿里山年年都有百萬人次到訪。

許多人誤以為阿里山是國家公園，實際上阿里山是由林務局管轄的國家森林遊樂區。知名的森林遊樂區還有太平山、武陵、奧萬大、合歡山等。森林遊樂區的目標在於兼顧森林生態保育與民眾休閒遊樂。對一般遊客來說較實質的差異則是國家公園免費入園，但森林遊樂區通常會收取門票費用。

每年到訪國家森林遊樂區的人數約為300萬至500萬人次，每座園區的地形景觀、森林樣貌、文化歷史等都各有特色。

知本森林遊樂區位處於低海拔，具有熱帶雨林的景觀，走完森林步道還可以在溫泉池放鬆泡腳。太平山森林遊樂區海拔約2000公尺，園內林相豐富也具備溫泉景觀，更有早期運材軌道改建而成的蹦蹦車，多樣化的特色使得太平山人氣居高不下。

目前林務局正在規劃將拉拉山自然保護區重新設置為拉拉山森林遊樂區，藉此整合該地的森林觀光資源。拉拉山以大片的千年紅檜巨木著稱，遊客可以沿著步道路線近距離觀賞這些巨木。園區預計在2022年正式開放。

阿里山國家森林遊樂區旅客人數　　●3月櫻花季是每年遊客人數最多的時候

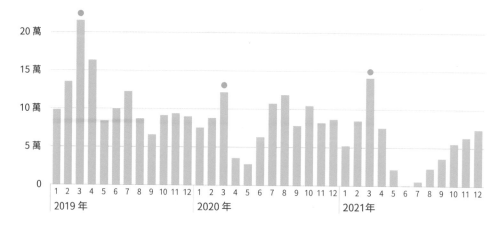

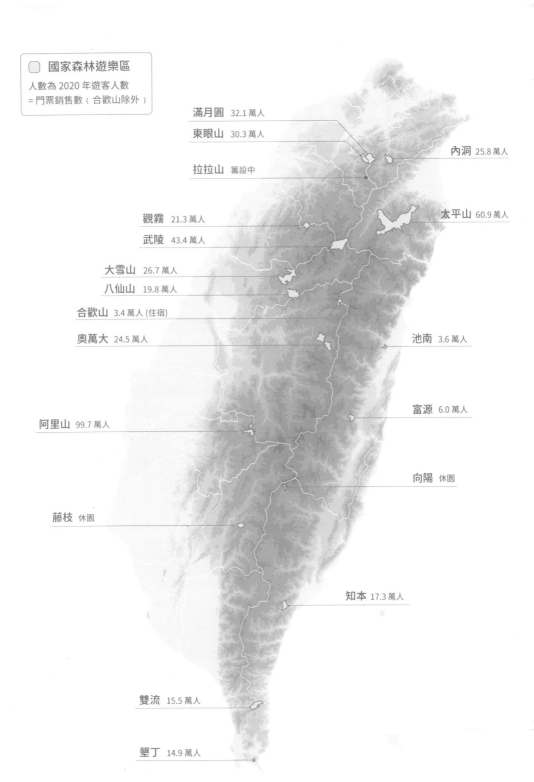

國家森林遊樂區

人數為 2020 年遊客人數
= 門票銷售數（合歡山除外）

滿月圓 32.1 萬人

東眼山 30.3 萬人

內洞 25.8 萬人

拉拉山 籌設中

觀霧 21.3 萬人

太平山 60.9 萬人

武陵 43.4 萬人

大雪山 26.7 萬人

八仙山 19.8 萬人

合歡山 3.4 萬人 (住宿)

奧萬大 24.5 萬人

池南 3.6 萬人

富源 6.0 萬人

阿里山 99.7 萬人

向陽 休園

藤枝 休園

知本 17.3 萬人

雙流 15.5 萬人

墾丁 14.9 萬人

10-4 | 糖廠
吃冰坐火車的回憶

「去糖廠吃冰」是許多臺灣人共同的童年回憶,糖廠冰品就像是品質保證般深植人心。

臺灣曾經是世界有名的製糖王國。西部平原處處是甘蔗田,糖業公司透過糖業鐵路將甘蔗運送至製糖工廠生產糖品,進而外銷至國際市場。戰後初期,砂糖的出口價值在所有外銷項中高居首位,台糖公司更因此成為規模最大的企業。直到現在台糖仍然掌握西部平原大面積的農場土地,是全國最大地主。

隨著 1970 年代國際糖價走跌與生產成本提高,臺灣糖業的生產規模逐漸萎縮,糖廠也一間一間合併或關廠。目前僅剩下虎尾、大林、善化、小港 4 處糖廠仍在繼續製糖。

有些糖廠停用之後就將設備完全拆除,土地轉作為政府機關或其他商業用途。另外有些糖廠則轉型為觀光糖廠,廠方將遺留下來的房舍改建為文物展示館,同時販售冰品與其他糖業製品,成為地方的觀光遊憩景點。

在公路運輸還不普遍的時代,糖業鐵路一方面是運送甘蔗的主要方式,另一方面也肩負著農村地區對外交通的重責大任。但在糖業沒落、公路與汽車普及之後,糖鐵也相繼停用拆除。

在近年的觀光發展之下,有 5 座糖廠修復舊時的糖業鐵道並重新運轉,讓遊客體驗乘坐五分車的感覺。其中,新營糖廠的鐵道長度將近 5 公里,蒜頭糖廠的路線未來將延伸至高鐵嘉義站,都是相當具有代表性的路線,走訪當地時不妨實際體驗看看。

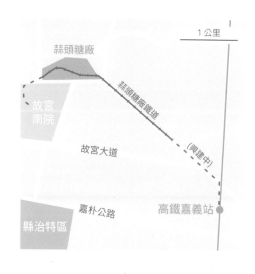

糖廠狀態

- ⌂ 持續製糖
- ⌂ 停止製糖
- ‡ 附有觀光糖業鐵道
- ⌂ 非糖廠但與糖業相關

本圖不含日治時期已停產之糖廠
僅呈現民國之後持續製糖之糖廠

⌂ 萬華倉庫
（萬華糖廍文化園區）

⌂ 新竹（遠東巨城）

⌂ 苗栗（法院）

⌂ 月眉（觀光糖廠）
⌂ 潭子（科技產業園區）
彰化 ⌂ ⌂ 臺中
烏日（啤酒廠）

‡ 溪湖 ⌂
⌂ 埔里
南投（縣政府）

（森林公園）溪州 ⌂

龍岩 ⌂ 虎尾
⌂ 竹山
⌂ 斗六

花蓮（光復）

北港 ⌂ 大林

‡ 蒜頭

⌂ 南靖
（影視園區）岸內 ⌂ ⌂ 烏樹林‡
⌂ 新營‡
（總爺藝文中心）麻豆
（蕭壠文化園區）佳里 ⌂ ⌂ 善化
⌂ 玉井（噍吧哖事件紀念園區）

永康 ⌂

（十鼓仁糖文創）仁德 ⌂

⌂ 旗山（旗糖農創園區）
⌂ 新東（都蘭）

‡ 高雄（橋頭）⌂
⌂ 臺東

⌂ 屏東（縣民公園）

小港 ⌂

⌂ 南州（觀光糖廠）

⌂ 恆春（恆春夜市）

10-5 | # 電影院
戲院沒落，影城崛起

　　電影作為人類的休閒娛樂活動已經有將近百年歷史。根據文化部的統計，2019 年臺灣有 100 多間電影院，上映 800 多部電影，觀影人次超過 4000 萬，累積票房超過 100 億元。此一市場規模在世界各國足以排進前 20 名，可見其中龐大的電影商機。

　　由於營運電影院的成本不低，需要一定的消費人口才能維繫經營，因此電影院多半分布在都市區域。雙北地區的電影院數量占全國 40% 以上，分布最為密集。臺中、嘉義、臺南、高雄也都是各大影城的必爭之地。

　　數十年來臺灣的電影院持續走向現代化、連鎖化、規模化的趨勢。以往稱為「戲院」的傳統電影院紛紛歇業，全國連鎖的「影城」則持續增加。最近 10 年電影院的數量維持在 110 間左右，但影廳數量從 500 多廳增加至 900 多廳，顯示電影院平均廳數增加的趨勢。

　　苗栗縣的變化可說是時代的縮影。苗栗縣頭份市的東聲戲院與苗栗市的國興戲院先後在 2018、2019 年停業，全縣的老字號戲院至此全數關閉。現在苗栗縣全縣唯一的電影院是位於頭份的尚順威秀影城，與購物中心比鄰而居，反映現代電影院與其他娛樂消費事業共構的型態。

　　傳統戲院在某些沒落的城鎮停業，影城集團則會在新興的都會城鎮持續拓點。在居住人口大幅增加的林口與淡水近年都有連鎖影城插旗搶占娛樂市場。高所得人口不斷移入的竹北與善化，未來也都有設置電影院的潛力。

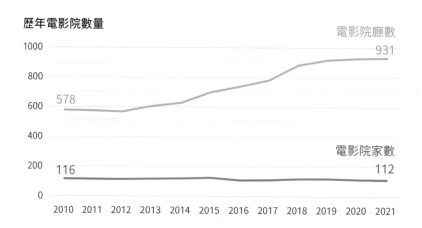

歷年電影院數量

電影院廳數

電影院家數

影城集團

秀泰	●	16
威秀	●	16
國賓	●	11
in89	●	6
新光	●	5
其他	●	57

基隆

中壢　桃園　臺北

新竹

宜蘭
羅東

頭份

后里
清水　豐原

臺中

彰化

員林　南投

埔里

花蓮
吉安

虎尾　斗六

北港

馬公

嘉義

麻豆

金門

臺南

岡山
大樹

臺東

高雄　屏東

參考資料

chapter 01

1-1 　內政部地政司臺灣全圖

1-2 　內政部 2022 年直轄市、縣市界線

1-3 　財政部 2021 年中央統籌分配稅款實撥
　　　金額

1-4 　-

1-5 　內政部 2022 年鄉鎮市區界線、教育部
　　　臺灣閩南語常用辭典

1-6 　內政部 2022 年村里界圖

1-7 　內政部 2022 年村里界圖；內政部 2018
　　　年全國姓名統計分析

chapter 02

2-1 　內政部 20 公尺網格數值地形模型資料

2-2 　環境保護署 2020 年重要河川汙染指標
　　　概況

2-3 　中央氣象局 1999 ～ 2020 年平均降雨
　　　量、氣候統計

2-4 　環境保護署 2021 年空氣品質不良日數
　　　月報表

2-5 　中央氣象局 1990 ～ 2020 年歷史地震

2-6 　美國海軍氣象與海洋學司令部颱風路徑

2-7 　台灣電力公司 2021 年各縣市行政區每
　　　季落雷次數統計；行政院災害防救辦公
　　　室 2019 年 8 月災防週報

chapter 03

3-1 　經濟部水利署 2021 年水庫蓄水統計表

3-2 　經濟部水利署 2020 年自來水生活用水
　　　量統計、自來水供水普及率；台灣自來
　　　水公司 2020 年自來水事業統計年報

3-3 　台灣電力公司 2021 年過去電力供需資
　　　訊、歷年發購電量分類

3-4 　台灣電力公司 2021 年各縣市再生能源
　　　購入電量明細、太陽光電發電量

3-5 　台灣電力公司 2020 年各縣市再生能源
　　　購入電量明細、台灣電力公司 2021 年
　　　風機發電量及發電時數統計表

3-6 　中央選舉委員會選舉及公投資料庫

3-7 　環境保護署 2020 年焚化廠營運年報

chapter 04

4-1 　內政部 2021 年人口統計資料

4-2 　內政部人口統計資料

4-3 　客家委員會 2016 年全國客家人口暨語
　　　言基礎資料調查研究

4-4 　原住民族委員會 2021 年原住民人口統
　　　計、部落一覽表、族群簡介；葉高華
　　　（2016）從原住民族分布圖談起。人
　　　文與社會科學簡訊，17 卷 4 期，頁 19-
　　　26。

4-5 　內政部移民署 2020 年外籍配偶人數統
　　　計

4-6 　勞動部 2020 年產業及社福移工人數

4-7 　內政部 2020 年鄉鎮市區人口數按性別
　　　及單一年齡分

4-8 　內政部 2020 年鄉鎮市區人口數按性別
　　　及單一年齡分

4-9 　內政部 2020 年人口死亡數按死亡者單
　　　一年齡分

4-10 內政部 2020 年出生人數按生母年齡分

chapter 05

5-1 　國家發展委員會 2020 年就業率及就業
　　　人口行業分配；中華民國統計資訊網失
　　　業率統計

5-2 　農業委員會 2020 年農情報告資源網；
　　　楊嘉凌、鄭佳綺、王柏蓉、吳以健
　　　（2016）臺灣多樣化的水稻品種及硬秈
　　　稻米生產現況。臺中區農業專訊，第 94
　　　期，頁 4-11。

5-3 　農業委員會 2021 年畜禽產品飼養數量
　　　統計

5-4 　農業委員會漁業署 2020 年漁業生產統
　　　計

5-5 　經濟部工業局 2021 年臺灣各工業區範
　　　圍圖、工業區簡介、各工業區廠商員工
　　　性別統計

5-6 　財政部 2019 年綜合所得稅所得總額申
　　　報統計

5-7 　衛生福利部 2021 年低收入戶戶數及人
　　　數

5-8 　財政部 2020 年中獎電子發票統計

國家圖書館出版品預行編目資料

從資訊地圖看臺灣:用最直觀的資訊圖表,重新認識島嶼大小事 / 王昱堯,
　賴進貴 著.-- 初版.-- 臺北市:商周出版,城邦文化事業股份有限公司
　出版:英屬蓋曼群島商家庭傳媒股份有限公司城邦分公司發行,
　民111.08
　　面;　公分

　ISBN 978-626-318-379-7(平裝)

　1. CST: 圖表　2.CST: 臺灣

　733　　　　　　　　　　　　　　　　　　111011447

從資訊地圖看臺灣:

用最直觀的資訊圖表,重新認識島嶼大小事

作　　　　者／王昱堯、賴進貴
企 劃 選 書／劉俊甫
責 任 編 輯／劉俊甫

版　　　　權／吳亭儀、林易萱
行 銷 業 務／黃崇華、周丹蘋、賴正祐
總　編　輯／楊如玉
總　經　理／彭之琬
事業群總經理／黃淑貞
發　行　人／何飛鵬
法 律 顧 問／元禾法律事務所　王子文律師
出　　　　版／商周出版
　　　　　　　城邦文化事業股份有限公司
　　　　　　　臺北市中山區民生東路二段 141 號 9 樓
　　　　　　　電話:(02) 25007008　傳真:(02) 25007759
　　　　　　　Blog:http://bwp25007008.pixnet.net/blog
　　　　　　　E-mail:bwp.service@cite.com.tw
發　　　　行／英屬蓋曼群島商家庭傳媒股份有限公司城邦分公司
　　　　　　　臺北市中山區民生東路二段 141 號 2 樓
　　　　　　　書虫客服服務專線:(02) 25007718、(02) 25007719
　　　　　　　服務時間:週一至週五上午09:30-12:00;下午13:30-17:00
　　　　　　　24 小時傳真專線:(02) 25001990、(02) 25001991
　　　　　　　劃撥帳號:19863813;戶名:書虫股份有限公司
　　　　　　　讀者服務信箱:service@readingclub.com.tw
　　　　　　　城邦讀書花園:www.cite.com.tw
香港發行所／城邦(香港)出版集團有限公司
　　　　　　　香港灣仔駱克道193號東超商業中心1樓
　　　　　　　E-mail:hkcite@biznetvigator.com
　　　　　　　電話:(852)25086231　傳真:(852) 25789337
馬新發行所／城邦(馬新)出版集團【Cité (M) Sdn. Bhd.】
　　　　　　　41, Jalan Radin Anum, Bandar Baru Sri Petaling,
　　　　　　　57000 Kuala Lumpur, Malaysia.
　　　　　　　Tel: (603) 90578822　Fax:(603) 90576622
　　　　　　　email:cite@cite.com.my

封 面 設 計／FE設計葉馥儀
內 頁 設 計／FE設計葉馥儀
排　　　　版／王昱堯
印　　　　刷／韋懋實業有限公司
經　銷　商／聯合發行股份有限公司
　　　　　　　電話:(02) 2917-8022　傳真:(02) 2911-0053
　　　　　　　地址:新北市231新店區寶橋路235巷6弄6號2樓

■ 2022年(民111)8月初版
■ 2023年(民112)10月5日初版4.5刷

定價450元

Printed in Taiwan

城邦讀書花園
www.cite.com.tw